数字时代英语翻译教学研究

曹 韵 邹 楠 著

中国商务出版社
·北京·

图书在版编目（CIP）数据

数字时代英语翻译教学研究 / 曹韵，邹楠著. — 北京 : 中国商务出版社，2023.12

ISBN 978-7-5103-4955-3

Ⅰ. ①数… Ⅱ. ①曹… ②邹… Ⅲ. ①英语－翻译－教学研究 Ⅳ. ①H315.9

中国国家版本馆CIP数据核字(2023)第219417号

数字时代英语翻译教学研究

SHUZI SHIDAI YINGYU FANYI JIAOXUE YANJIU

曹韵 邹楠 著

出　　版：中国商务出版社

地　　址：北京市东城区安外东后巷28号　　邮　编：100710

责任部门：发展事业部（010-64218072）

责任编辑：周青

直销客服：010-64515210

总 发 行：中国商务出版社发行部（010-64208388　64515150 ）

网购零售：中国商务出版社淘宝店（010-64286917）

网　　址：http://www.cctpress.com

网　　店：https://shop595663922.taobao.com

邮　　箱：295402859@qq.com

排　　版：北京宏进时代出版策划有限公司

印　　刷：廊坊市广阳区九洲印刷厂

开　　本：787毫米×1092毫米1/16

印　　张：9.75　　**字　数**：210千字

版　　次：2023年12月第1版　　**印　次**：2023年12月第1次印刷

书　　号：ISBN 978-7-5103-4955-3

定　　价：84.00元

前　言

进入21世纪以来，中国已全面融入经济全球化、知识信息化的浪潮，在以和平与发展为时代特征的地球村中扮演着越来越重要的角色，也面临着越来越多的机遇和挑战。随着我国与国外经济、文化等方面交流机会的增多，对外语人才的数量和质量提出了更高的要求。掌握一门外语以主动融入国际交流是目前乃至未来社会人才必备的重要素质之一，这已成为国人的共识。英语作为一门国际通用语言，已成为国际社会广泛采用的交流工具，越来越多的人将它作为第二语言进行学习和使用。随着科学技术和经济全球化的进一步发展，英语的重要性无疑会更加凸显。

大数据改变了人们的方方面面，对教育界也产生了影响，并引发了一场教育革命，这场革命的实质就在于依靠网络，对学习者的知识获取方式加以改变，同时提升了学习者的自主意识与能力。从本质上而言，大学英语教学是为了向社会输送更多的英语人才，同时满足英语学习者实现自身价值的需要。在当前背景下，大学英语教学从大数据的特点出发，对固有的教学模式加以改变，促进了教学体系的革新，不仅是教育界讨论的话题，也是提升我国英语人才素质的题中之义。新型英语人才的培养并不是一蹴而就的，需要教学者具有创新思维和勇于挑战的决心。

本书从多个层面对数字时代英语翻译教学进行了理论分析，并从多个角度进行了教学实践方面的阐述。

本书在写作过程中，得到了很多专家、学者的意见和建议，在此表示诚挚的谢意。书中所引述书目，已在参考文献中列出，如有遗漏，敬请谅解。鉴于作者水平有限、写作时间仓促，书中难免有疏漏，恳请广大读者批评指正。

目　录

第一章　大数据时代的到来 ……1
第一节　大数据时代背景分析 ……1
第二节　大数据的内涵解析 ……4
第三节　大数据的核心价值 ……6
第二章　翻译理论概述 ……9
第一节　中西方翻译的发展历程 ……9
第二节　翻译的不同视角 ……15
第三节　翻译的相关理论 ……19
第三章　数字时代英语翻译教学的理论基础 ……23
第一节　功能对等与关联翻译理论 ……24
第二节　功能翻译理论 ……43
第三节　图式理论 ……48
第四章　数字时代英语翻译教学新变化 ……57
第一节　英语翻译教学信息化诉求 ……57
第二节　数字时代给英语翻译教学带来的巨大变化 ……70
第三节　数字时代下英语翻译教学的优势 ……78
第四节　数字时代下英语翻译教学的属性 ……79
第五章　数字时代英语翻译教学有效方法及实践 ……81
第一节　翻转课堂在翻译教学中的应用 ……81
第二节　任务型教学法在翻译教学中的应用 ……93
第三节　项目导向型教学法在翻译教学中的应用 ……105

第四节　合作学习法在翻译教学中的应用 …… 112
第五节　互动教学法在翻译教学中的应用 …… 122
第六章　数字时代英语翻译教学评价多元化改革 …… 131
第一节　英语翻译教学评价概述 …… 131
第二节　英语翻译教学评价的基本原则 …… 137
第三节　英语翻译教学评价体系的构建 …… 140
参考文献 …… 146

第一章　大数据时代的到来

大数据时代已经到来，深刻地改变着人们的生活、工作与学习。无论是科学研究，还是商业活动，无论是政府还是个人，都可以看到大数据的影子，显然，大数据已经渗透到人们工作与生活的方方面面。大数据给这个时代带来的改变是不言而喻的，它不仅改变了人们的生产生活方式，也改变了人们的思维与决策方式。可见，大数据不仅是一门技术，更是一种社会现象。本章作为开篇，首先探讨大数据时代的到来。

第一节　大数据时代背景分析

一、数据无处不在

互联网的迅猛发展，要求机器设备采集信息具有及时性，加上移动互联网应用的普及，产生了大量的文本、数据、音频、视频等，这对存储技术提出了更高的要求。同时，位置信息、关系信息等使数据的种类更加丰富，因此对数据进行挖掘显得非常重要。如何对这些数据进行挖掘和存储已成为一个关键问题，这时大数据的理念与方法正在悄然诞生。

根据中国互联网络信息中心发布的报告，当前我国的网民数量已经稳居世界首位，每天产生的数据量也位列世界前列。很多人早晨起床的第一件事就是刷手机，现如今，手机已经成为人的身体的一个重要“器官”，而看手机实际上就是看信息，看信息其实就是在看数据，也就是说，现如今人们已经离不开数据。

随着互联网技术的迅猛发展，物联网、云计算以及社交网络、智能终端等应运而生，这些都是采集数据的丰富手段。另外，为了避免数据遗失，也出现了很多存储设备，这样使数据保存更为快捷与安全，也让数据变得更为强大。

数据的快速增长吸引了越来越多的数据管理与分析服务。政府、互联网、电子商务、医疗、金融等行业开始采用多种新兴信息技术来收集各类数据，便于从中挖掘价值与知识。数据规模越来越大、类型越来越多，这已经成为当今社会的显著特征。对组织而言，数据采集已经不是障碍，关键在于如何对其进行完善，并挖掘出更有效的信息，让信息变得更容易理解并且便于采取行动。

二、数据成为战略资源

《华尔街日报》指出了引领未来繁荣的三种技术：智能化生产技术、大数据技术以及无线网络技术。麦肯锡公司指出，数据属于一种生产资料，是下一个竞争与创新的前沿。世界经济论坛的报告指出，大数据是一种新的财富手段，价值甚至要超过石油。

上述这些论调告诉我们，这一时代需要更好地认识与掌握大数据，并对大数据进行合理的开发与利用。大数据的价值主要体现在其具体的应用上，人们对大数据的关心实际上也是对应用的关心，关心如何从业务与应用出发，挖掘大数据的价值，从而使大数据为人们的生产生活服务。

在大数据时代，无论是对商业组织而言，还是对国家文明而言，谁能够挖掘与掌握数据的价值，谁就能够在竞争中获胜。下面从几个层面来分析大数据的战略价值。

（一）从国家战略看大数据

当前，大数据已经成为重塑国家竞争优势的新机遇。在信息化迅猛发展的今天，大数据已经成为国家的重要战略资源，其价值已然与自然资源、人力资源等同，大数据在信息公开、国家安全、设施布局、隐私保护等层面的作用巨大。大数据及其应用已经成为各行各业制胜的关键。

对大数据恰当应用，实现数据规模的扩大、质量的提升，发掘其潜在的价值，有助于更好地发挥大数据的战略作用，提升网络空间数据的保护能力，维护国家的安全，进而提升国家的竞争力。

（二）从企业发展看大数据

大数据是随着网络发展而不断产生的，其应用领域非常广泛。大数据在精准广告、搜索引擎、商贸零售等层面都得到了广泛的应用。同时，在互联网金融、医疗等领域也得到了人们的关注，不仅如此，大数据也对传统行业产生了巨大的冲击。

企业如果能够运用大数据，那么就能够抢占先机；如果能够将数据作为核心资产，那么就能够提升自身的竞争力与国际地位。在大数据时代，将会有更多的企业有数据的需求，这些需求能够促进企业进行良好的转型。百度、腾讯等公司就为这些企业提供了服务，这些企业在经营中并不盈利，但是他们通过这些服务，可以获取广大用户的数据，从而开发这些用户资源，进而获得利润与价值。电信运营商是典型的数据资产运营者，他们有着丰厚的用户数据、视频数据、流量数据等，这些数据给予了他们广大的优势，目前主要的电信运营商都在努力开发数据资源。在大数据时代，可以毫不夸张地说，得数据者得天下。

从数据收集到挖掘，从案例到实际运用，大数据本身是一个非常复杂的过程。大数据的数据量并不是一个最为重要的问题，更重要的问题是数据质量，即要保证数据的实效性。

（三）从公众视角看大数据

在当今时代，公众不仅仅是数据的消费者，也是数据的生产者与加工者，他们在数据的生产、加工等过程中，能够提升自身对世界的认知，并对他人的决策判断产生影响，进而影响他人的消费需求。因此，在大环境下，如何培养自身的数据基因与思想，并对这些数据基因与思想进行分析，对复杂的现象进行判断，已成为现代人必备的生存技能与个人修养。

第二节　大数据的内涵解析

一、大数据的内涵

大数据的英文表达是Big Data，意思是“海量数据”。数据的规模大到了已经无法用当前的技术和工具来处理，那就必须突破瓶颈，从而产生数据革命。对数据的处理包括很多方面，如收集、整理、分类、存储、分析、预测和输送等。

数据如同人体的血液，大数据则是整个人体系统与血液有关的部分。最早涉及这个概念的是天文学和基因学领域，因为这两个学科非常依赖对数据的分析，尤其是对“海量数据”的分析。它也是电脑和互联网结合的产物，因为电脑实现了数据的“数字化”，让它们像数字一样容易储存，互联网则实现了数据的“网络化”，让它们通过网络可以自由快速地传输。

之后，大数据才真正拥有了无穷的生命力。互联网技术不断发展，渗透到我们的工作和生活中，加上移动网络、物联网与其他各种联网设备的出现与普及，一个必然产生的现象就是数据的迅速增长。有90%的数据是互联网出现以后才产生的，它以指数级的速度在我们的生活中不断增加，从海量到无穷大，世界正被数据淹没。

我们需要更加关注的是数据从量变开始质变，并且体现在多个方面，触发蝴蝶效应，推动其他领域的变化。

二、大数据需要考虑的问题

从企业与个人信息安全的角度来说，大数据需要考虑五个层面的问题。

（一）网络安全

随着在线交易、在线对话、在线互动的兴起，在线数据越来越多，黑客们的犯罪动机也比以往任何时候都来得更强烈。如今除个人黑客之外，还出现了国家黑客，其组织性更强，更加专业，作案工具更加强大，作案手段更是层出不穷。相较以往一次性数据泄露或者黑客攻击事件的小打小闹，现在数据一旦泄露，对整个企业或国家而言，无异于重大打击，一着不慎就会满盘皆输，不仅会导致声誉受损、造成巨大的经济损失，严重的还要承担法律责任（如金融机构的安全漏洞）。所以，在大数据时代，网络的恢复能力以及防范策略可以说是至关重要的。

（二）云数据

云技术是新时代的技术产物，但人们在应用相关技术时仍然存在大量的压力，这是因为我们对其可能带来的风险和后果仍然没有办法预料和控制。尤为重要的是，云数据是黑客的目标，因为其极具吸引力并能获取高价值信息。因此，这就对企业制定与云计算相关的安全策略提出了极高的要求。

（三）移动化

这个时代在变得“移动化”，人们对数据的需求增加，而数据的收集、存储、访问、传输等工作都需要借助移动设备，所以大数据时代的来临也带动了移动设备的猛增。比如，越来越多的员工用自己的移动设备办公，他们上班时拿着移动设备来到公司，下班后又拷贝了数据离开。我们不能否认，这很便利，有利于工作，也帮助企业节省了很大一笔开支，但也给企业带来了更大的安全隐患。要知道，移动设备是黑客入侵内网的绝佳跳板，比如以色列攻击伊朗核电站时，就是将一块很小的移动硬盘接入了核电站的工业计算机，从而释放病毒给其致命攻击。移动化给企业的管理和安全保护带来了难度。

（四）微妙而紧密的供应链

在今天这个全球化的时代，每个企业都是复杂并互相依存的，都是全球供应链的一部分，但供应链本身恰恰是最薄弱的。信息将供应链紧密地联系在一起，从简单的数据到商业机密再到知识产权，而其中任一环节信息的泄露就可能导致整个供应链上的企业遭受巨大损失，甚至会违反法律，受到司法制裁。对全球化来说，信息安全是如此重要，它在整个供应链上扮演着血液的角色，如果血液中有了病毒，那么后果不堪设想。

（五）隐私安全

随着产生、存储、分析的数据量越来越大，隐私问题在未来的几年也将愈加凸显。所以新的数据保护要求以及立法机构和监管部门的完善应当提上日程。

第三节　大数据的核心价值

一、促进了思维数据化

从目前来看，当大数据时代到来时，任何一家公司的竞争力都可以划分为三种类型。第一种是大数据本身，第二种是与大数据相关的技术，第三种是大数据思维。这三种竞争力不可替代，亦缺一不可，但其中最为关键的部分，就是将数据与思维结合起来。数据可以被复制，技术也可以被超越，只有思维难以被窃取。拥有领先思维的大数据玩家，有资格发动一场胜算极大的战争，或者占据最大份额的市场，形成自己坚不可摧的竞争力。可以发现，具备大数据思维优势的公司往往是那些新兴的创业型公司，它们在一个全新的领域内崛起，而且它们的创始人大多具备大数据思维能力和大数据技术，能够及早发现某特定商业领域中大数据的应用价值，并且做到第一时间把自己的理想付诸实施。在别人进入该领域之前，这些公司就已占据了优势地位。

大数据时代的到来，不仅是技术的更新，它同时标志着我们处理信息方式的变化，我们思考问题模式的升级，我们思维深度的掘进。随着时间的推移，大数据将会彻底地改变人们思考这个世界的方式。

之前已经有预言，大数据的到来将引发一场新的“智慧革命”。人们可以从海量、复杂、实时的大数据中发现知识，提升智能，为社会创造更大的价值。所以，尽管存在这样或那样的不足，但大数据时代一定是美好的时代，因为数据化正在可控的范围内让我们的生活更美好，让人们的工作更方便，让人们的未来更清晰，也让人类看到了改变世界整体结构的希望，让它逐步具备“智慧”特征，从而通过数据这一工具，实现人与自然的沟通，互相之间进行智慧与理性的交流。

那么，到那时候，人们的学习、工作、生活、娱乐以及交通、医疗、能源利用方式等都将随之改变。人们可以改变自己的头脑，从海量数据中获取所必需的工具和技能；可以提升自己的智慧，以大数据的思维重塑自己的人生战略，增强竞争力。

二、促进了生活变革

大数据时代给人们的生活带来的好处当然是显而易见的。现在，每个人都拿着一部手机，有的人甚至有好几部智能手机；人们面前亦摆着电脑，随时可以上网；面对爆炸式的信息，人们遨游在信息海洋中，可以轻松地获取数据，来改善生活的质量，享受科技带来的乐趣。

数据爆炸引发了生活变革，使人们的世界充斥着比以往更多的信息，同时信息的增长速度飞快，快得让人感觉眼花缭乱，应接不暇。这种信息总量和速度的变化，最终导致了信息形态的变化，从量变引发了质变。

三、促进了社交变革

在社交领域内，人们能想到的第一个概念就是“关系”。关系并不局限于自己所认识的人，如朋友、亲戚、同事和客户等这些直接关系的“关系”，同时也涉及人脉资源。

传统的社交理念是碎片式的，就是只跟直接关系有联络，然后再通过他们去认识他们的直接关系，就像一片片的叶子，通过互相之间的支脉相连，建立一种间接联系。

大数据时代改变了这一传统社交理念，将碎片式的社交连接变成了网式关系库。所谓网式关系库，就是“点对点”的直接连接，人们在大数据工具的帮助下，直接与目标关系人建立联系。

第二章　翻译理论概述

第一节　中西方翻译的发展历程

什么是翻译？有人认为翻译是一门科学，因为它有着自己的内在科学规律；也有人视翻译为一门艺术，因为翻译好比作画，先抓住客观人物的形态和神态，然后用画笔把他惟妙惟肖地表现在画面上；还有人将翻译看作一门技能，因为就其具体操作过程而言，它总是离不开方法和技巧。总的看来，翻译是一门综合性学科，因为它集文学、语言学、社会学、教育学、心理学、人类学、信息理论、生态学等学科特点于一身，在长期的社会实践中已经拥有了自己的一套抽象的理论、原则和具体方法，形成了自己独立的体系，而且在相当一部分语言材料中这些方法正在逐渐模式化。由此可见，视角的不同可以导致人们对翻译概念认识的差异。

一、中国翻译发展历程

中国是一个具有几千年历史的文明古国。据文字记载，中国早在周代就有了翻译活动。夏商周时期，人们之间的通信十分频繁，许多不同的民族和部落居住在同一块疆域内是十分普遍的。这些不同的部族与居住在中原的民族在语言、饮食、风俗文化等方面有很大的不同。《左传·襄公十四年》记载，戎族酋长戎子驹支说："我诸或饮食衣服，不与华族同，贽币不通，言语不达。"不同民族之间互相交往，就必须有翻译。在《周礼》和《礼记》中均有对周朝翻译官职的记载。

《后汉书·南蛮西南夷列传》记载了周代的口译："交趾之南有越裳国。周公居摄六年，制礼作乐，天下和平。越裳以三象重译而献白雉。"象，即翻译官，后专指翻译南方语言的翻译官。《礼记·王制》中说："中国、夷、蛮、戎……五方之民，言语不通，嗜欲不同。达其志，通其欲：东方曰寄，南方曰象，西方曰狄鞮，北方曰译。"除"译"之外，"寄""象""狄鞮"均为翻译官。

西汉人刘向在《说苑·善说》中记载了鄂君子皙请人翻译《越人歌》一事，是我国较早关于笔译的记录。《后汉书·南蛮西南夷列传》中记载有白狼王唐写的《慕代诗》三章，即《远夷乐德歌》《远夷慕德歌》和《远夷怀德歌》，《列传》不仅记载了这三首诗的作者、译者姓氏，而且保存了这三首诗的原文汉字记音。这是我国诗歌翻译最早的文字记载。

从汉代起，由于在政治、军事上与北方交涉频繁，"译"逐渐成了总称。"翻"字也从东汉起使用，南北朝时期的佛经译著中已开始使用"翻译"二字。

中国历史上出现过四次翻译的重要时期。第一个时期是东汉至隋唐时期的佛经翻译，第二个时期是明末清初的自然科学翻译，第三个时期是近代的文学翻译，第四个时期是新中国成立后。这四个时期留下了丰富的译学思想和翻译资料，为现、当代翻译学奠定了基础。

二、西方翻译发展历程

一般认为，西方翻译理论可分为五个时期，即古代时期、中世纪时期、文艺复兴时期、近代时期和现（当）代时期。西方翻译理论相较中国翻译理论更加系统、全面，有较完整的体系和清晰的发展脉络。

（一）古代时期

西方古代第一部重要的译作是《圣经·旧约》的希腊语译本。公元前285年，72名知识渊博的希腊学者遵从埃及国王托勒密二世菲拉德尔福斯的旨意，聚集在亚历山大图书馆，将希伯来语《圣经·旧约》译成希腊语，历时36年方得以完成，翻译版被称为《七十子希腊文本》。公元四世纪末五世纪初，著名神学家哲罗姆奉罗马教皇之命，成功地组织《圣经》的拉丁文翻译，并将其命名为《通俗拉丁文本圣经》，该译本后来成为罗马天主教承认的唯一圣经文本。西方翻译理论发源于公元前一世纪，古罗马帝国政治家和演说家西塞罗发表了著名的《论演说家》。在这篇演说中他说："我认为，在翻译时，逐字翻译是不必要的，我所做的是保留原文的整体风格及其语言的力量。因为，我相信，像数硬币一样地向读者一个个地数词，不是我的责任，我的责任是按照他们的实际重量支付给读者。""按实际重量支付"即"保存原文的全部意义"。这段话首次谈到了直译和意译，明确提出反对逐字翻译。这个时期，翻译家们大都根据自己的翻译实践对翻译进行分析和论述，主要集中在直译还是意译这类问题上。奥古斯丁是与哲罗姆同时代的神学家、哲学家，对翻译理论有许多深刻的见解。他认为，翻译的基本单位是词，翻译有三种风格，朴素、典雅、庄严，其选用取决于读者的需求。他从亚里士多德的"符号"理论出发，认为忠实的翻译就是能用译语的单词符号表达源语单词符号指示的含义，即译语词汇和源语词汇具有相同的"所指"。这套理论对后世有深远的影响。

（二）中世纪时期

中世纪时期即西罗马帝国崩溃至文艺复兴时期。英国阿尔弗雷德大帝是一位学者型的君主，用古英语翻译了大量的拉丁语作品，常常采用意译法，甚至近于创作。十一世纪至十二世纪，西班牙中部地区的托莱多形成了巨大的"翻译院"，主要内容是将阿拉伯语的希腊作品译成拉丁语，接续欧洲断裂的文化传统。中世纪末期出现了大规模的民族语翻译，促成了民族语的成熟。英国的乔叟翻译了波伊提乌的全部作品和薄伽丘的《菲洛斯特拉托》等，德国的维尔翻译了许多古罗马作品，俄国基辅罗斯公国时期翻译了不少希腊语和拉丁语作品，其著名的翻译家有莫诺马赫、雅罗斯拉夫等。翻译理论的代表人物有罗马神学家、政治家、哲学家和翻译家曼里乌·波伊提乌，他提出翻译要力求内容准确，而不要追求风格优雅的直译，并认为译者应当放弃主观判断权，这在当时产生了较大的影响。

（三）文艺复兴时期

从十四世纪至十七世纪初，西方翻译进入繁荣时期，产生了许多具有代表性的翻译家和有影响的翻译理论。英国翻译题材广泛，历史、哲学、伦理学、文学、宗教著作，无所不及。查普曼先后翻译了荷马史诗《伊利亚特》和《奥德赛》，成就卓越，他认为翻译既不能过于严格，亦不能过分自由。人文主义者廷代尔，以新教立场翻译《圣经》，面向大众，通俗易懂，又兼具学术性与文学性，取得了巨大的成功。然而，他的翻译触犯了当时的教会权威，1535 年，教会以信奉宣扬异教的罪名将廷代尔处以火刑。荷兰德是英国十六世纪著名的翻译家，其翻译的题材多样，尤以历史翻译见长，著名作品有李维的《罗马史》、绥通纽斯的《十二凯撒传》等。法国的阿米欧于 1551 年翻译了《希腊、罗马名人比较列传》，内容忠实，文笔清新自然，他主张译者务必充分理解原文，译文要淳朴自然。语言学家、人文主义者多雷在其作品《论如何出色地翻译》中提出了翻译的基本准则：译者要完全理解翻译作品的内容；要通晓所译语言；语言形式要通俗；要避免逐字对译；要注重译文的语言效果。德国主要有路德的《圣经》翻译，遵循通俗、明了、大众化的原则，在官府公文的基础上吸收了方言精华，创造了为本民族普遍接受的文学语言形式，为德国文化的发展做出了杰出贡献。路德认为，翻译必须采用平民化的语言，必须注重语法和意思的联系，必须遵循一些基本原则。路德之所以能在翻译实践中取得成功，是和他的理念分不开的。德国另一位代表人物伊拉斯漠认为，翻译必须尊重原作，译者必须要有丰富的语文知识，必须保持原文的风格。

总体而言，这一时期对翻译的认识和讨论十分热烈，由此奠定了西方翻译学的理论基础。

（四）近代时期

从十七世纪至第二次世界大战结束的近代时期是西方翻译的黄金时期。1611年，英国出版了《钦定本圣经》，译文质朴典雅，音律和谐，是一部罕见的翻译杰作。不久，谢尔登译出了塞万提斯的《堂吉诃德》。1715—1720年，蒲伯在查普曼的基础上重译了《伊利亚特》和《奥德赛》。莪默·伽亚漠的波斯语作品《鲁拜集》于1859年有了第一个英语译本，后几经修订，跻身英国翻译史上最优秀的译作之列。十七世纪法国文坛盛行古典主义，因此翻译以古希腊、古罗马的文学作品为主；十八世纪，法国向往古老神秘的中国，翻译了不少中国作品，元曲《赵氏孤儿》就是这个时期翻译到法国的；十九世纪以西方各国文学的翻译为特色，莎士比亚、歌德、但丁、拜伦、雪莱的许多作品都有了法语译本。这个时期的翻译理论较为全面、系统，具有普遍性。其代表人物有：英国的约翰·德莱顿、亚历山大-弗雷泽·泰特勒，法国的夏尔·巴托。德莱顿对翻译进行了较为系统、全面的研究，认为翻译是一门艺术，译者必须掌握原作的特征，服从原作的意思，翻译的作品要考虑读者的因素。同时他还将翻译分为三大类：逐字译、意译和拟作。泰特勒在1790年撰写的《论翻译的原则》一书中提出著名的“翻译三原则”：

（1）译作应完全复制出原作的思想。

（2）译作的风格和手法应与原作保持一致。

（3）译作的语言应具备原作的通顺。

进入十九世纪，德国逐渐成为翻译理论研究的中心。代表人物有神学家、哲学家施莱尔马赫，文艺理论家和翻译家施雷格尔，语言学家洪堡特。翻译研究的重点集中在语言和思想方面，逐步形成了一定的研究方法和翻译术语，从而把翻译研究从某一具体篇章中抽象分离出来，上升为“阐释法”。这种方法由施莱尔马赫提出，施雷格尔和洪堡特加以发挥。施莱尔马赫在《论翻译的方法》一文中较为全面地论述了翻译的类型、方法、技巧，形成了比较系统的翻译理论，在十九世纪产生了重大影响，至今仍具有一定的现实意义和作用。其主要内容包括以下几点：

（1）翻译分为笔译和口译。

（2）翻译分真正的翻译和机械的翻译。

（3）必须正确理解语言思维的辩证关系。

（4）翻译有两条途径，一条是尽可能忠实于作者，另一条是尽可能忠实于读者。洪堡特进一步认为：语言决定思想和文化，语言差距太大则相互之间不可翻译，可译性与不可译性是一种辩证关系。洪堡关于“可译性”与“不可译性”的论述在今天同样具有重要的借鉴意义。

（五）现（当）代时期

众所周知，二十世纪上半叶爆发了两次世界大战，翻译和翻译理论研究受到极大的破坏而驻足不前，其间几乎没有延生有影响的翻译和翻译理论研究。然而，第二次世界大战以后，翻译和翻译理论研究则在西方迅速恢复并很快进入一个繁荣时期。

西方现（当）代翻译理论时期指从第二次世界大战结束至今，这一时期在翻译范围、形式、规模和成果方面都是历史上任何时期无法比拟的。翻译理论研究在深度和广度方面亦取得了突破性的进展。这一时期，由于受现代语言学和信息理论的影响，理论研究被纳入语言学范畴，带有较为明显的语言学色彩；同时，由于在理论研究中文艺派异常活跃，又使翻译理论研究带有明显的人文特征。所以，翻译理论的研究大都走科学与人文结合的道路。而且，翻译研究更加重视研究翻译过程中所有的重要因素，包括语言使用者的社会因素等，以及它们之间的相互关系和产生的相互影响，并以此解决翻译中的各种问题，使翻译这门学科具有较为成熟的学科特征。

现（当）代翻译理论时期涌现出一大批在翻译理论与实践方面成绩卓著的人物，

并逐渐形成了流派。主要包括：布拉格学派、伦度派、美国结构派、交际理论派，以及语言学派、交际学派、美国翻译研究班学派、文学文化学派、结构学派、社会符号学派等，这些学派的研究使西方翻译理论逐渐形成体系，趋于成熟。

第二节　翻译的不同视角

老子说：“信言不美，美言不信。”英国著名小说家、诗人吉卜林说：“东是东，西是西，东西永古不相期。”自古以来，不少人对翻译的认识做出了许多精彩的论述，这也从一个侧面反映出翻译的重要作用。古今中外的哲学家、思想家、文学家、艺术家、翻译家对翻译情有独钟，以精辟的语言道出翻译之“事”。例如不少人将翻译与绘画相提并论，有道是“隔行不隔理”。一代丹青大师齐白石老先生就说：“作画妙在似与不似之间，太似为媚俗，不似为欺世。”我国著名翻译家傅雷说：“以效果而论，翻译应当像临画一样，所求不在形似而在神似。”

钱钟书老先生著名的“化境”论认为，文学翻译的最高理想可以说是“化”，既不因语文差异而露生硬的痕迹，又能完全保存原有的风味。无独有偶，威切斯勒将翻译家与音乐家相比较，认为翻译家和音乐家是同一性质的，他们都把别人的作品通过自己的艺术创造再现给人们。英国著名翻译理论家西奥多·萨瓦里也曾把文学翻译比作绘画，把科技翻译比作摄影。泰德勒则将翻译比喻为复制一幅画。

十九世纪以来，不少人开始以传统语言学理论为基础研究翻译问题，认为翻译是运用一种语言把另一种语言准确而完整地重新表达出来的语言活动，或是把一种语言的连贯性话语在保持其内容及意义的情况下，改变为另一种语言的连贯性话语的过程。进入当代，受当代语言学的影响，人们把研究的视点从语言本身扩展到交际语境、语域、语用等范畴，认为翻译是一种交际活动。美国语言学家、翻译家奈达是交际翻译观的代表人物。他认为，翻译是指在译语中用最贴切而又最自然的对等语从语义到文体再现原文的信息。在过去十年，以文化研究为重点的翻译研究形成了一个热门的领域。研究认为，翻译是不同国家和民族之间进行政治、经济和文化交往的产物，并反过来推动它们之间关系的发展，使一国的文化为别国所共享、所借鉴，从而促进各国民族文化的繁荣和创新。这一时期，不少西方学者用“跨文化”来形容翻译活动。其中的代表人物一个是科纳切尔，他明确提出“跨文化以文本为依托，以跨文化信息转换为宗旨，翻译是译者适应翻译生态环境而对文本进行移植的选择活动”。另一个是王寅先生，他提出认知语言学翻译观，从认知语言学视角研究翻译问题，认为“翻译是一种认知活动，是以现实体验为背景的认知主体所参与的多重互动为认知基础的，译者在透彻理解源语言语篇所表达的各类意义的基础上，尽量将其在目标语言中映射转述出来，在译文中应着力勾画出作者所欲描写的现实世界和认知世界”。两位先生尽管从不同的视角对翻译进行了系统的研究，但都认为翻译应该综合考虑翻译过程中的诸多因素，最终实现和谐翻译，促进跨文化交际的顺利进行。

与此同时，不少人认为翻译是艺术创作的一种形式，强调语言的创造功能，讲究译品的艺术效果。如拉斐维尔、兰伯特等人认为“翻译就是对原文的重新摆布”。当然，也有学者认为，翻译是一门实践性很强的艺术，既是模仿，又是创造。

值得一提的是，实用主义者从翻译的现实角度出发，把翻译看作客户委托做的工作。周兆祥先生认为，翻译工作不是什么超然于社会之外的艺术，而是配合社会发展需求所提供的雇佣兵式的服务。他说：“译者的主要责任，不是译好某些文字，而是为了委托者的最大利益，完成当次委托的任务。”罗宾逊也谈道：“不同的人对翻译有不同的看法，不做翻译的人视其为文本处理，译者则视之为一种活动。”

长期以来，人们对翻译的论述和争论还集中在翻译作品的“可译”与“不可译”上，使之成为一个古老的悖论，为人们提出一个二律背反的命题。一方面，人们认为翻译为人们的沟通和交流发挥了巨大作用；另一方面，很多学者、作家、思想家、翻译家对翻译的真实性又表示怀疑。例如，意大利文艺复兴时期伟大的神学家但丁提出“文学作品不可译”的观点，他始终认为“翻译将破坏全部的优美和谐”。他说：“任何富于音乐和谐的作品都不可能译成另一种语言而不破坏其全部优美的和谐感。”西班牙作家塞万提斯则形象地将翻译比喻为“反面观赏弗兰德斯的花毯”，图案轮廓固然清晰，色彩却不见了。他在其长篇小说《堂吉诃德》中借主人公堂吉诃德的口这样说道：“不过我对翻译也有个看法，除非原作是希腊、拉丁两种最典雅的文字，一般的翻译就好比弗兰德斯花毯翻到背面来看，图样尽管还看得出，却遮着一层底线，正面的光彩却不见了，至于相近的语言，翻译只好比誊录或抄写，显不出译者的文才。”而法国启蒙思想家伏尔泰说：“翻译，增加一部作品的错误并损害它的光彩。”德国语言学家施来格尔更为直接：“翻译好比一场拼死拼活的决斗，最后失败的不是译者就是原作者。”英国诗人雪莱也说：“译诗是徒劳的，犹如将紫罗兰扔进坩埚里。”彼得·纽马克对翻译的比喻非常实际，他说：“许多翻译都是在一种方案与另一种方案之间的妥协。翻译是一种变戏法的动作，是一种碰运气的事，是在走钢丝。无论对译者或者对翻译批评者而言，只要有时间，他们总会对已翻译的东西改变主意或看法。”

德国翻译家洪堡特也就翻译的可译性与不可译性发表了两元语言观。他指出：“所有翻译都只不过是试图完成一项无法完成的任务。任何译者都注定会被两块绊脚石中的任何一块绊倒，他不是贴近原作贴得太紧而牺牲本民族的风格和语言，就是贴近本民族特点太紧而牺牲原作。介乎两者之间的中间路线不是难以找到而是根本不可能找到。”但是他又说：“在任何语言中，甚至不被我们所了解的原始民族的语言中，任何东西，包括最高的、最低的、最强的、最弱的东西，都能加以表达。”不难看出，翻译是难事，但又十分精彩。有趣的是，人们在论述翻译时都力图将翻译与丰富的色彩和鲜明的个性相提并论，这充分说明翻译内涵的丰富和外延的广阔。笔者曾在翻译课中就同一作品的多种翻译为学生做比较时谈道：不同译者的文化背景、个性特质、社会表征等多种因素决定了他对翻译作品的理解和翻译的风格，这些东西体现在译品中使之产生差异，并对读者产生影响，有时候概括为仁者见仁，智者见智。然而译品对其给读者产生的影响负有社会责任。

译品在多大程度上忠实于原作并传递出原作的思想和风格，甚至细微的语言特征，这确实很难把握，并且难有一个统一的标准。人们说译品好或不好，同样和人们的教育程度和个人特质有关，并且很大程度上和人们受传统文化教育的影响十分密切。有人一生中翻译了很多作品，却很少有产生影响的；有人一生中只翻译了一部作品，却在相当长的时间内影响甚广；有人因译品名声大噪；有人的译品成为经典自己却鲜为人知。由此提出一个令人感兴趣的问题：谁来从多种因素出发，比较和认定译品的忠实和好坏？以《简·爱》为例，译品有二三十种，除译者特定的生活时代的一再烙印表现在译文中以外，应该说都各有千秋。然而，就整体而言，哪种译品在最大程度上忠实于原作，传递出原作的思想和风格，又有谁愿意去做精准的比较和论断？

其实，翻译之精彩足以让人们以严肃的态度和宽阔的胸怀来认识和理解原作和译作、作者和译者之间的关系以及他们承载的文化和社会责任。德国文豪歌德把翻译家比作“媒人”，他说：“翻译家应被看作忙碌的媒人。他对一位还半遮方面的美人大加赞誉，说她真值得我们倾心。媒人就这样激起了我们对这位美人的爱慕，一定要对她本来的长相看个究竟。”美国女翻译家马格利特·佩顿借用自然科学对物质从一种状态变成另一种状态的描述，对翻译作了十分新颖的比喻，她说：“我喜欢把原作想象成一块方方正正的冰。翻译的过程就是这块冰融化的过程。待到冰变成了液体状态时，每个分子都变换了位置，没有一个分子与其他的分子再保留着原来的关系。它们开始了在第二种语言里形成作品的过程。分子有逃逸掉的，新的分子涌了进来填补空缺，但是这种成型和修补的轨迹完全是隐性的。在第二语言里确立起来的译品是一块新的方方正正的冰块，它虽与原来的冰块不同，然而外表看上去却是一模一样的。”

不难看出，对翻译既有侧重宏观的比喻，又有侧重翻译过程的描述的想象比喻。从以上对翻译的比喻我们可以对翻译有一个初步的认识，从而为学习翻译打下良好的基础。

第三节 翻译的相关理论

一、翻译的概念

翻译有广义与狭义之分。广义的翻译包括语言与语言、方言与民族共同语、方言与方言、古语与现代语、语言与非语言（符号、数码、体态语等）之间的信息转换。这个概念的外延是相当宽泛的，它包括不同语言间的翻译、语言变体间的翻译和语言与其他交际符号的转换等。广义的翻译主要强调“基本信息”的转换，不强调“完全的忠实”。广义的翻译也称作“语际翻译”。

狭义的翻译一般是指“语际翻译”，即用一种语言符号解释另一种语言，诸如英译汉、汉译英、法译英等不同语言之间进行的翻译。狭义的翻译是一种语言活动，“是把一种语言表达的思维内容忠实地用另一种语言表达出来的语言活动”。这个定义强调“翻译是一种语言活动”，确定了狭义翻译的性质，表明它是人类多种交际方式中语言交际的沟通。

英汉翻译就是把英语所表达的思维内容忠实地用汉语表达出来的语言活动，它包含着一个对原文含义的理解逐步深入、对原文含义的表达逐步完善的过程。

二、翻译的分类

翻译的分类，可以从不同角度进行划分。

1. 按照工作方式，翻译可分为口译、笔译、机器翻译和机助翻译。口译又可分为连续翻译和同声传译。机器翻译是现代语言学和现代智能科学相结合的产物，有望在某些领域替代人工翻译。

2. 根据内容题材，翻译可分为文学翻译和实用翻译。文学翻译包括诗歌、小说、戏剧、散文以及其他文学作品的翻译，着重情感内容、修辞特征以及文体风格的传达。而实用翻译包括科技资料、公文、商务或其他资料的翻译，强调实际内容的表达。

3. 根据处理方式，翻译可分为全译、摘译、缩译、节译和编译等。

4. 根据所涉及的两种代码的性质，翻译可分为语内翻译、语际翻译和符际翻译等。

5. 根据所涉及的语言，翻译可分为外语译成母语和母语译成外语等，如英译汉、汉译英。除了以上所列几种划分方法，在实际运用中还有许多具体的分类法，这里不一一赘述。本书中所讲的翻译，主要是从狭义翻译（语际翻译）的意义上来谈的，特别是指英汉语言的翻译。

三、翻译的标准

翻译的标准是用来约束翻译者活动的准绳和评定翻译作品质量的尺度，具有极其重要的意义。自从有了翻译活动，关于翻译标准的讨论就开始了，而且至今它仍然是众多译者、翻译研究者和爱好者津津乐道的话题，也正是在这些热烈的讨论中，翻译学科在不断地向前发展。

由于翻译的多功能性、翻译作品的多样性、翻译手法与风格的多样性以及作品受众的多层次性，翻译的标准也具有多元性，很难找到一个绝对标准。但是在具体的翻译工作中还是可以找到一些可操作的标准来对译品进行衡量的。在我国最有影响力的翻译标准至今仍是清代著名思想家、翻译家严复所提出的“信、达、雅”。所谓“信”即指忠实，译文要准确地传达原著的思想内容；所谓“达”即指译文要明白通达，通顺流畅，符合译语习惯；而“雅”则“求其古雅”，严复认为应将文章尽量译得富丽典雅，符合中国古文的遣词造句的要求。这显然是有其局限性的。作为书面语言的翻译固然要正规一点，或者说“雅”一点，但是由于作品的风格不同又题材多样，有“雅”的也有不“雅”的，所以把“雅”字定为标准是偏颇的。就整体而言，“信、达、雅”不失为一个好标准，所以仍然为许多翻译工作者所沿用。

近代各翻译大家也各自提出了自己的观点。如钱钟书的“化境论”，梁实秋的“神似说”，鲁迅的“信与顺说”等。而从国际翻译研究来看也是争论热烈，观点层出不穷。

综合上述各种观点，翻译就是要“忠实准确，流畅切合”。这个标准概括了翻译定义中两个方面的要求，对初步掌握了英、汉两种语言的学习者来说，这是一个较为合理适用的标准。

所谓忠实准确，一方面是指译文内容要忠实于原文，译文要把原作的语义内容在转述过程中翔实而准确地表达出来，这包括文章中反映出来的思想、立场、观点、态度、感情、环境、背景等。另一方面忠实还指要对原作的特色，包括作品的民族特色、时代特色、地域语体特色、语言特色等进行忠实而准确地反映。另外根据翻译的定义，译文还要忠实于原著所起到的语境功能和社会功能，既不能夸大也不能缩小，要尽量准确地反映原著在原语境中的各种功能。

而“流畅切合”强调译文的语言应符合规范，通俗流畅，规范易懂，并且译文风格要与原著相切合。为求通俗易懂，而将孤傲高雅的文章译得淡如白水；为求规范，将诙谐幽默的文章译得呆滞死板；或者为求可接受性强，而将内涵丰富引人联想的文章译得居于一隅，都是不合理的。这也是为什么要在通顺或流畅后加上切合的原因。总之，这一标准就是要求译者在尽量符合原著规范的前提下追求与原著切近的风格。

必须要强调的是，“忠实准确”与“流畅切合”是辩证统一的，两者相辅相成。它们既相互对立又相互促进。处于首位的是内容忠实准确，而风格的流畅切合处于从属地位、次要地位。但次要并不意味着不重要，忠实而不流畅，读者不愿接受，也达不到忠实的作用；流畅而不准确，脱离了原著的内容与风格，就谈不到切合，也失去了流畅的意义。忠实而准确的译文往往是流畅而切合原著风貌的，而流畅、切合原著风貌的译文才会是准确而忠实的。我们将英语译为汉语时，往往不容易达到这两个标准，或是顾及了忠实准确而不够流畅切合，或足够流畅切合时，却不够忠实和准确。这可能是因为原著比较复杂深奥，做之难做，不好表达，或是译者水平不高不能表达。

另外，根据原著类型的不同，对标准的侧重也不太一样。政论性、批评性作品要求更注重忠实准确，以保证其科学精确性和政治严肃性，而文学性、艺术性作品强调风格流畅切合，以充分展现原著与原作者风格，起到推广、丰富文学文化的作用。

第三章　数字时代英语翻译教学的理论基础

我国英语教学界较少涉及大学英语翻译教学的研究。随着英语教学交际功能教学法的兴起，使用母语进行教学的方式在英语课堂中遭到排斥，翻译教学更是备受冷落，直接导致现在的大学生翻译水平较低。对翻译题型的分析以及对平时教学状况的调查都反映了这一事实。

对翻译理论进行研究与学习，不仅可以提高学生的理论素养，而且可以帮助学生认识翻译活动的基本规律，使其更快、更有效地提高翻译实践的能力，达到事半功倍的效果。以往的翻译教学与研究只是对我国和英美等国家曾经出现过的翻译现象进行简单的罗列，重视翻译技巧，轻视翻译理论。学习和掌握一定的翻译理论知识是必要的，只有把翻译理论适当地应用到翻译教学中，才可以帮助教师认识翻译的本质和规律，从而有的放矢地开展翻译教学，切实提高翻译质量。如果翻译教学失去了理论的支持，就失去了开展翻译活动的基础，从而无法科学地培养学生的翻译技能，无法为学生提供更好的翻译策略指导，更谈不上进一步发展学生的翻译意识了。这样的翻译教学只是感性的经验上的行为，往往带有强烈的个人经验主义的片面性。因此，在翻译教学中教授基本的翻译理论、揭示翻译学的规律至关重要。

第一节　功能对等与关联翻译理论

一、功能对等理论

美国翻译家尤金·A·奈达在界定什么是翻译时说："翻译是在接受语中寻找和源语信息尽可能接近的自然的对等话语，首先是意义上的对等，其次是风格上的对等。"在翻译时为了不受或少受限制，奈达认为，首先应该抓住原文的意义和精髓，即强调意义上的对等是第一位的；其次，不应拘泥于原文的语言结构，即结构上的对等是第二位的。在评判翻译作品是否优秀时，奈达指出，一部优秀的翻译作品应丝毫看不出翻译的痕迹，译语风格与源语风格应一致对等。

（一）奈达的功能对等理论

奈达1914年出生在美国的俄克拉荷马州，是当代著名的语言学家、翻译家和翻译理论家。他一生的主要学术活动都围绕《圣经》的翻译展开。在翻译《圣经》的过程中，奈达借助现代语言学的研究成果，深刻思考在翻译理论研究和实践中遇到的问题，提出了一套自己的翻译理论，最终成为翻译研究的经典理论之一，而他本人也因此被誉为"西方现代翻译理论之父"。

"功能对等"是奈达翻译理论的核心概念。所谓"功能对等"，是指翻译时要在两种语言间达成功能上的对等，如语义、风格和文体等方面，而不是文字表面意义的死板对应。翻译的作品既要传达出词汇的表层信息，也要能反映出其背后隐含的文化深层信息。由于源语和译语文化背景差异巨大，在翻译时，不同的形式很可能掩藏源语的文化意义并阻碍文化交流。要想使所翻译的作品读起来清晰、通顺、易懂，并在译语读者群中产生与源语读者群一样的效果，就必须打破原文的语言结构，改变原文的形式，采用译语的表达习惯与表达方式。这样才能实现真正的对等，包括词汇对等、句法对等、篇章对等以及文体对等。

奈达的理论贡献主要在于他以一种新姿态对待不同的语言和文化，任何能用一种语言表达的东西都能够用另一种语言来表达；在不同的语言和文化之间能通过寻找对等语，以适当方式重构原文形式和语义结构来进行交际。这些观点非常有助于增进人类相互之间的语言交流和了解。

为了追求等效，奈达的功能对等理论将翻译过程分为三个步骤：分析、转换与重构。也就是说，在翻译之前需要对原文进行分析，以正确地认识和把握原文，在转换的过程中创造性地运用另一种语言进行重构，最终准确无误地再现原文。以奈达的功能对等理论来指导学生进行翻译活动，学生就会尝试按照以上步骤科学地、合理地进行翻译活动，避免采用以前习惯了的逐字转换的生硬做法，从而使译文符合译语的词法、语法与句法。

同时，以奈达的功能对等翻译理论来指导教师开展翻译教学，也为教师提供了一个全新的视角：在翻译教学过程中，不再拘泥于原文的词法、句法和语法；翻译的练习不再只是为词汇、语法服务的辅助练习；对翻译作品的评讲不再像选择题、判断题那样只给出一个固定答案，而是通过相应的指导，鼓励学生对参考译文进行探讨和完善，在比较中逐步提高学生们的英语翻译水平。这不仅有助于提高教师自身的教学能力，还有助于帮助教师形成正确的翻译教学观。

（二）在大学英语翻译教学中实践功能对等理论

1. 词汇层面对等

无论英语还是汉语，词汇是构成语句的基本单位，而语句又进一步组成段落，因而要达到语义对等，首先应从词汇对等开始。

例 1：

做作业 do home work　做饭 cook a meal

做衣服 make clothes　做梦 have a dream

在汉语词汇中一个同样的“做”字，翻译成英语时却用了不同的词汇。如果学生在做翻译练习时不对源语言进行分析，没有弄清楚汉语的真正语义就匆忙转换，那么出错就不可避免。因此，翻译时首先要弄清楚汉语原文的具体含义，然后才能转换为相应的英语动词。

例 2：

浓茶 strong tea	浓汤 rich soup
浓雾 thick fog	浓烟 dense smoke

汉语中的“浓”不能一概用 thick 来表达，因为英语中对“茶”“汤”“烟”分别有对应的形容词来修饰。

例 3：

have a cup of coffee	喝杯咖啡 have a meal
吃饭 have a cigarette	抽烟 have a meeting
开会 have one’s haircut	理发 have a talk 谈话

虽然汉语中的动词远远多于英语中的动词，但是英语中有语义各异的“万用动词”have 和 make。

因此，为了把相同的概念表述清楚，在翻译过程中要将英语中相同的动词和汉语中不同的动词进行对应的转换。汉语作为表意文字，词义丰富且组合灵活多变。而英语是表音文字，在演变过程中吸收了大量的拉丁语和古法语的词汇，形成了现在极其庞大的英语词汇库。因此，掌握大量的汉语词汇和英语词汇是开展翻译活动的前提条件。此外，译者要具有语用意识。翻译的过程是一个寻求准确的词义对等的过程，所以无论源语多么复杂和富含文化内涵，译者都要能够结合源语词的具体情境，将其转换为自然贴切的目标语词。

2. 短语层面对等

多个不同的单词组合构成短语后，便拥有了更强大的表意功能，让译者在更大的语言单位内转换信息，完成翻译任务。英语和汉语都有大量的短语，因此，短语对等在翻译教学中是非常重要的。在平时的教学及课外练习中会有一些相应的短语翻译练习，即给出汉语短语，要求写出英语短语，或者相反。这些短语翻译练习主要涉及一些词语搭配。不可否认，在有些情况下，这样的练习对大学生成功翻译语句是必不可少的，也是强化大学生英语语言知识的重要途径之一。

例 4：

break the record 打破纪录　　Cold War 冷战

Black Market 黑市　　hotline 热线

red-eye flight 红眼航班

这种字对字的直译，只是形式上的对等，而且并不普遍存在。在多数情况下，英汉之间找不到这样直接对应的短语。这时，按照奈达的观点，我们不应拘泥于形式上的对应，而是要追求语义上的对等。

例 5：

血肉 flesh and blood（而不是 “blood and flesh”）

新旧 old and new（而不是“new and old”）

轻重 heavy and light（而不是“light and heavy”）

落汤鸡 a drowned rat（而不是 “a drowning chick”）

student driver 教练车（而不是“学生车”）

dog days 三伏天（而不是“狗日子”）

30% off 七折（而不是“去掉 30 %”）

high school 大学（而不是“高校”）

girl of the old school 守旧的女性（而不是“旧学校的女生”）

3. 句子层面对等

句子是言语交流中最基本的语言单位。要让目标语的接收者在最大程度上体验到与源语的接收者相似的感受，就要力争在互译中做到语句的对等，即很好地译出源语句子的意思，这往往是翻译的关键之所在。

例 6：

猛一看，这块手表没有什么特别之处，但实际上它是一部手机。

Al first sight, there is nothing special about this watch, but in fact it is a mobile phone.

很多学生把“这块手表没有什么特别之处”直接翻译为“this watch has nothing special”，显然是因为学生习惯了字对字的直译，而没意识到英语常用物称来表达，这样翻出来的句子带有明显的汉语味道。

例 7：

With these words he lelt the room.（After saying these, he left the room.）

说完这些话，他便离开了房间。

例 8：

The bridge is under construction.（The bridge is being constructed.）

那座大桥正在建造之中。

英语叙述呈静态（stative），倾向于多用名词，因而介词的运用发挥出很大的优势；而汉语倾向于多用动词，呈动态（dynamic）。如果学生掌握了这一知识，例 7 和例 8 的译文就会地道很多。

例 9：

这姑娘长得漂亮，鹅蛋形脸，两眼又深又黑，披着又长又密的头发。

She is a pretty girl with an oval face, deep dark eyes and long heavy clinging tresses.

例 10：

有困难找警察。

（Please ）Turn to the police for help when （ you arc ） in trouble.

例 9 和例 10 的句子整句与零句混合交错，体现了汉语句式多样灵活的特点。汉语口语里流水句很多，一个小句接一个小句，很多地方可断可连，而英语句子则常用关系词、连接词等，有着清晰的结构。

例 11：

All was cleared up some time later when news came from a distant place that an earthquake was felt the very day the little copper ball fell.

过了些时候，从远方传来消息：在小铜球坠落的当天，确实发生地震。这一切终于得到了澄清。

例 11 中的时间状语从句中包含一个同位语从句，同位语从句中又包含一个时间状语从句，这充分体现了英语形合的特点。为了实现动态对等，首先，学生应该把英语的长句转化成汉语的短句；其次，要把英语“树状结构”的句子转化成汉语“竹状结构”的句子；再次，英语句子把最重要的信息放在句首，而汉语则遵循自然的顺序。因此，把“All was cleared up”译为“这一切终于得到了澄清”，放到了汉语句子的句末。

二、关联翻译理论

关联理论是一个强有力的理论，它的使命虽然不是解释翻译，但却能有效地解释翻译这一“宇宙历史上最为复杂的现象”，它给翻译提供了一个统一的理论框架，奠定了翻译本体论和方法论的理论基础。在关联理论的框架内，翻译是一个对源语（语内或语际）进行阐释的“明示—推理”过程，译者要根据交际者的意图和受体的期待进行取舍，译文的质量取决于相关因素间的趋同度（convergence）。

（一）关联翻译理论的观点

关联翻译理论认为，翻译过程是一个“明示—推理”的交际过程。从原交际者的明示行为中通过推理找到最佳关联，是译者力争达到的目标，也是翻译研究的原则标准。译文关联性的强弱取决于两大因素：处理努力与语境效果。译文读者需要的并不是最大关联性（maximal relevance，即以最小的处理努力获得最大的语境效果），而是最佳关联性（optimal relevance，即无须花费不必要的处理努力便可从中获得足够的语境效果）。译者根据最佳关联原则从潜在的认知语境（包括译者的百科知识、原文语言提供的逻辑信息和词汇信息、原文的文化背景信息等）中选择正确的语境假设，从源语文本的线索中揣摩出原文作者的交际意图，找出最佳关联性，从而获得理解原文的语境效果。译者继而在对译语文本读者的认知语境和阅读期待做出准确判断的基础之上，灵活运用各种翻译策略，力图使译语文本在音、形、意上最大限度地向源语文本趋同的前提下，将原文作者的意图准确地传达给译文读者，满足译文读者的阅读期待，即无须花费不必要的处理努力获得理解原文的足够的语境效果。

（二）关联翻译理论对翻译理解阶段的指导

理解是整个翻译过程的第一阶段，非常重要。译文对原文的理解稍有差错，译文表达就不可能准确无误，甚至会差之毫厘、谬以千里。正确理解原文，不能流于肤浅，要深入透彻。根据关联翻译理论，译者要想使理解达到深入透彻，需要充分了解源语作者的认知语境，尽量扩大和源语作者认知语境的共享，然后根据最佳关联原则从潜在的认知语境中选择正确的语境假设，从源语文本提供交际线索的信息意图中通过推理探究出作者的交际意图，找出最佳关联性，从而获得准确透彻地理解原文语境的效果。

1. 扩大和源语作者认知语境的共享

关联翻译理论的语境观强调语境具有选择性和渐变性。理解话语就是从认知语境中选择相关假设，以便付出一定的处理努力获得相应的语境效果，从而找到话语同语境假设之间的最佳关联。在话语的理解过程中，新信息被处理后就会成为旧信息，从而使认知环境不断扩大，为处理下一个新信息提供便利。译者和读者共享的认知语境为成功地传递原文作者的意图提供了一定程度上的保证。因此，在翻译教学中，教师应当引导学生考查原文的历史背景并理解作者创作时的处境与心境，从而充分利用共享的认知语境，对全文进行全面、深入、准确的理解。

例 如：On the junk, a man stands amidships beating a drum incessantly to guide their efforts, and they pull with all their strength like men possessed, bent double; and sometimes in the extremity of their travail they crawl on the ground, on all fours, like the beasts of the field.

例句中的“possessed”一词是指人“疯了的”“鬼迷心窍的”“像被鬼缠住了似的”，“beast”在文中是指“野兽”“动物”“畜生”。学生如果要准确地理解原文，就需要了解本文创作的背景信息，扩大和源语作者认知语境的共享，找到话语同语境假设的最佳关联。例句选自一篇写景抒情的散文，作者毛姆是英国著名小说家，他曾于20世纪20年代末来过中国，并有机会沿长江溯流而上进入四川，例句后半部所写就是山城重庆的景象，毛姆把他在中国旅行的所见所闻所感写成了一本散文集，名为《在中国屏风上》，本段即选自该书。毛姆在文中写了江上听到的三种劳动人民的歌声，文章情景交融，表达了对劳动人民的艰苦命运的深切同情，读起来亲切感人。只有了解了文章创作的背景信息，译者才能充分理解文本所体现的精神，理解文本作者的心理状态和思想意图，找到最佳关联。试问，毛姆会认为这些劳动人民“像被鬼缠住了似的”并称他们为“畜生”吗？

比较下面两种译文。

译文1：纤夫们发疯似的拼命拉拽着绳索，佝偻着腰，艰难至极时甚至会双手触地，匍匐徐行，如同田里的畜生。

译文2：纤夫们像着了魔似的，腰弯成两折，有时力量用到极限就全身趴在地上匍匐前进，就像田里的牲口。

两段译文在理解原文和表达作者情感方面有所差别，译文1理解有误，译文2则感人肺腑，作者对劳动人民的深切同情溢于言表。我们在课堂教学中应当引导学生超越语言层次，搜集作者及其作品的背景资料，充分利用共享的认知语境，以求深入透彻地理解原文。

2. 传递源语作者的信息意图和交际意图

（1）区分信息意图和交际意图

根据关联翻译理论，意图分为信息意图和交际意图。信息意图是指提供交际线索的意图。交际意图是指语境暗含的意图，它往往在信息意图明示的基础上经过推理而获得。当译者判断原文的信息意图与交际意图重合，即原文的字面意义正是作者本意，而且将原文传译出来后不会影响读者的理解，相反还可以扩大读者的认知语境时，可照译不误。例如：

咱们俩的事，一条绳上拴着俩蚂蚱，谁也跑不了！

We' re like two grasshoppers tied to one cord, neither can get away !

如果字面意思与作者的交际意图差之千里，那就只好舍弃字面意思而传递原文的交际意图了，否则会引起误解甚至闹出笑话。例如：

武行者心中要吃，哪里听他分说，一片声喝道“放屁！放屁！”（施耐庵《水浒传》）

Now Wu the Priest wanted in his heart to eat and so how could he be willing to listen to this explanation ? He bellowed forth, “Pass your wind ! Pass your wind !”

该译文出自有“中国通”之称的美国作家赛珍珠（Pearl Buck）之手。“放屁”在此文中显然是诅咒用语，汉语意为“废话”，而译者却把它误解成了一道命令，直译为“pass your wind”，闹出了强行要酒保放屁的笑话。

（2）充分运用推理技巧

通过推理正确理解源语作者的意图是翻译交际成功的前提。因此，在翻译教学中应当培养学生的推理能力，使这种能力在鉴别多义词、解歧、理顺逻辑、推导交际意图等方面发挥重大的作用。

①确定原文词义

有时原文只有信息意图，其获取也不是唾手可得，需要付出努力进行推理。例如：

Though the rope may part and the great junk swing back, in the end the rapid will be passed; and at the close of the weary day there is the hearty meal.

不少学生将“hearty”译为“丰盛的晚餐、丰盛的美宴、美味佳肴”等。如果译者脑中存在以下相关的词汇信息、逻辑信息和百科信息，并积极进行推理，就不会有所误译。文中“hearty”一词在英英字典中的释义为“（of meals）large；substantial”。该句上文描写的是纤夫奋力拉纤、跨越激流的悲壮场面，尽管绳索会断，船会后退，然而他们最终将涉过这大浪急流，疲惫的一天下来，他们好歹能吃上一顿饱饭。毛姆在文中着力表现的是对劳动人民悲壮命运的深切同情。如果这些生活在社会最底层的劳动人民天天都能“大快朵颐”，吃上“美味佳肴”，原文的悲壮色彩无疑要“大打折扣”了。

译文1：尽管坎坷的途中帆船会因缆索的断裂而掉头迂回，但经过一天的疲惫倦怠之后，他们终会穿越洪流，到达彼岸，去享受那丰盛的美宴。

译文2：虽然绳子可能扯断，大船不进而退，但最终险滩必将通过。精疲力竭的一天之后，可以痛快地吃上一顿饱饭。

比较以上两种译文，译文1虽然语言流畅优美，但是推理有误，表述不当，从而造成理解偏差。因此，在翻译过程中应当引导学生仔细观察原文，找到原文交际线索所提供的信息意图和认知语境间的最佳关联，以求准确地理解和表达。

②消除文中歧义

推理可以起到解歧的作用，因为译者利用认知语境能使原文中歧义句的意义明确化，进而得出正确的信息意图，然后才能翻译。例如：

Writers can not bear the fact that poet John Keats died at 26, and only half play fully judge their own lives as failures when they pass that year.

在翻译此句时，有不少学生将“half”看成谓语动词“judge”的主语，译成“半数的作家”。在翻译过程中译者脑中应该出现如下语境假设：第一，根据常识，全国有多少作家曾经如此说过是无法进行精确统计的。第二，根据词汇信息，“half”如作主语不能单独使用，原文应为“a half of them”。第三，根据逻辑信息，原文有必要强调只有半数的作家对约翰·济慈年仅26岁便与世长辞表示惋惜之情吗？因此，通过推理可以断定，文中的“half”不是名词，而是作为程度副词修饰“play fully”，译为“不无”“不完全的”。例如，“She gave a sort of half smile.”译为“她做了个似笑非笑的表情”。

③推导交际意图

译者根据原文提供的背景信息和词汇信息等交际线索，可以推理出隐含在信息意图之下的交际意图。例如：

I took her first to dinner, “Gee, that was a dilish dinner,” she said as we left the restaurant. Then I took her to a movie. “Gee, that was a marvy movie,” she said as we left the theater. And then I took her home. “Gee, I had a sensaysh time,” she said as she bade me good night.

本段作者是大学法律系的一名学生，他用一件貂皮大衣换取和室友皮蒂·伯齐的女朋友约会的机会，她头脑简单但是非常漂亮。他想看看她的情商到底有多高，于是约她出来吃饭、看电影，这位漂亮女孩的用语却令人大跌眼镜。从原文的词汇信息，即感叹词Gee和三个形容词dilish、marvy、sensaysh的使用，结合原文的背景信息可以推断出作者的交际意图：通过女孩的用语告诉读者她虽然很漂亮，但是头脑简单，情商不高。我们比较一下以下两位学生的译文。

译文1：我们先是共进晚餐，临走时，她说道：“哎呀，真好吃！”接着我们去看电影，散场时，她说道：“哎呀，真好看！”看完电影后我送她回家，道晚安时，她说道：“哎呀，今天玩得真高兴！”

译文 2：我先带她去吃晚饭，临走时，她冒出了一句："哇，这顿饭贼好！"接着我们去看电影，散场时她又来了一句："哇，这部电影真精彩！"完了我送她回家，道晚安时她又蹦出一句："哇，今天玩得忒爽！"

相较而言，译文 2 语言地道、流畅、生动、活泼，保留了原文的交际线索，同时成功地传递了原文的交际意图。

（三）关联翻译理论对翻译表达阶段的指导

在全面、深入、细致地理解原文的前提下，表达对一篇译文的质量好坏起着关键的作用。译者在对译语文本读者的认知语境和阅读期待做出准确判断的基础之上，灵活运用各种翻译策略，力图使译语文本在音、形、意等方面最大限度地向源语文本趋同的前提下，将原文作者的意图准确地传达给译文读者，满足译文读者的阅读期待，使译文和原文达到最佳关联。因此，要引导学生在表达上狠下功夫，这样才能全面提高翻译质量。

1. 考虑译文读者的认知语境和阅读期待

在跨文化、跨语言的翻译交际中，译文读者对译文的理解受制于其所处的认知环境。有时，源语读者所拥有的文化图式、社会经验等在译语读者的认知环境中并不存在，语篇内的有关符号无法激活译文读者记忆中的相关图式，从而导致解读的失败。有时，源语读者与译语读者所拥有的文化图式迥然不同，译文读者按照自己的认知习惯来解读，从而导致误读。因此，译者为了确保译文读者无须花费不必要的信息处理努力即可正确地理解译文，就需要对译文读者的认知语境做出正确的估计和判断，推断出源语作者意欲传达的信息意图和交际意图。这一点，应该在翻译教学过程中对学生予以明确和强化，在处理富含文化信息的语篇时，引导他们学会通过运用译文内增词、译文外加注等策略，解决译文读者因认知语境中文化图式缺省所引起的解读障碍。

2. 兼顾源语作者的意图和译文读者的认知语境

最佳关联性是译者力争达到的目标，要想使译文获得最佳关联性，必须同时兼顾语境效果和处理努力两大因素。如果读者的认知语境中缺乏相关的信息，或者与源语作者的认知语境发生文化冲突，若一味传递原文的信息意图，那么，读者即使付出了多余的处理努力，也无法推断出原文的交际意图，得不到相应的语境效果，译文无法取得最佳关联性。这一点，同样应该在翻译教学过程中对学生予以明示和强化，引导他们认识到翻译策略的选择取决于对源语意图的识别和对译文读者认知语境和阅读期待的估量，只有兼顾两者，译文才能实现并产生翻译交际的目的和效果，才能获取最佳关联性。

模因论是基于达尔文进化论的观点来解释文化进化规律的一种新的理论模式。它试图从历时与共时的视角对事物之间的普遍联系以及文化具有传承性这种本质特征进行诠释。在翻译学者切斯特曼看来，模因在同一文化中通过模仿得以传递，同时也通过语言来传递，但某种模因要跨越到其他文化当中则需要借助翻译。因此，在跨文化过程中翻译则成为模因的生存载体。翻译模因论的精髓在于，它解释了翻译理论的发展规律并肯定了翻译理论对翻译实践的指导意义。

模因（meme）这一概念源于社会生物学，最早见于动物学家道金斯（1976）的畅销书《自私的基因》中。基因是传递生物信息的单位，生物体通过基因进行传播而得以生存。道金斯希望 meme 这个词类似于基因（gene），能描述文化现象的进化。他在该书的最后一章引入了与基因相对应的模因概念，并把模因定义为“文化传播的单位，或模仿的单位”。模因论是研究模因的理论，最早把模因引入翻译理论研究的当属切斯特曼和弗米尔（1997）。切斯特曼把有关翻译本身以及翻译理论的概念或观点统称为翻译模因，如翻译的理论概念、规范、策略和价值观念等。他把翻译研究看作模因论的一个分支，试图用模因论来解释翻译提出的问题，并通过对翻译理论发展史的研究来探寻翻译理论的进化和形成规律。他详细讨论了翻译模因库中的 5 种超级模因（super-memes）：原语—目标语模因、对等模因、不可译模因、意译—直译模因、写作—翻译模因。他发现在翻译理论的进化过程中，有些翻译模因由于不能被普遍接受而消亡；有些翻译模因曾流行一时而最终被取代；有些则具有很强的生命力，得以生存和发展。同时通过考察西方翻译理论的进化过程，他发现在某一特定的历史时期都有某一翻译模因处于主导支配地位，而其他翻译模因则处于被压制的地位，他因此把西方翻译理论史划分为8个阶段：词汇阶段、神谕阶段、修辞学阶段、逻各斯阶段、语言学阶段、交际阶段、目标语阶段和认知阶段。各种模因为了适应社会环境，在不同时期均以不同的面貌出现，不断进行复制和传播，以求生存和发展。

切斯特曼将波普尔的科学哲学观引入到自己的翻译模因论，认为翻译模因处于波普尔的第三世界中。波普尔将世界划分成三个：第一世界是客观物质世界；第二世界是个人思想、情感的主观心智世界；第三世界是指思想的客观内容，属客观知识世界，即关于思想、理论、论题等的知识，存在于公共领域，不是指存在于个人头脑中的观念。根据波普尔的理论，个人翻译技能的发展来自我们的错误，来自我们以前的翻译实践，来自对他人译作的研究，来自前人对翻译的思考，来自翻译理论和翻译历史的学习。我们通过批评和自我批评，从他人的反馈信息中发展自己。因此，根据波普尔的理论，翻译模因（即翻译理论或翻译观念）不可避免地影响了译者的思维方式和翻译行为。

这也是切斯特曼对翻译理论与翻译实践之间关系的理解。波普尔接受了达尔文进化论的一个最具挑战的观点：个体发生平行于种系发生。切斯特曼将这一观点应用到翻译能力的习得中，他认为，一个译者的个体发生过程应该遵循翻译理论的种系发生过程，也就是说，一个译者的观点、态度的变化过程可能反映出整个翻译理论的发展，反之亦然。这一假设对翻译教学具有深刻的启示，也就是说，我们可以利用个体发生与种系发生的相似性来强化翻译过程教学。这也是为什么必须给学生讲授翻译理论发展史的原因，其目的是使有关翻译理论发展的知识最终成为学生的一种概念工具，并可为学生提供比照来观察自己的学习进程，培养学生的自我意识，使他们有一种亲身参与历史进程的体验。

二、翻译模因论对翻译教学的启示

（一）翻译史教学的必要性

翻译模因的进化发展是动态的，具有历史的敏锐性。翻译史教学可以使学生了解翻译模因进化的来龙去脉和历史渊源，懂得任何翻译模因的变化和发展都是受一定社会文化制约的。在一定历史时期，某一翻译模因处于支配地位时，这一模因就演化成了该时期的规范，而其他模因则处于被压制的弱势地位。遵循规范的翻译被视为正统，而违反规范的翻译则被视为错误，或根本就不被认为是“翻译”。因此，翻译模因是历史的产物。翻译史教学可以使学生对翻译模因进化的历史全程有整体认识，深谙模因之间的联系与变化，有利于学生深刻理解形形色色的翻译理论，而不只是掌握一些片面、零散的翻译概念，从而避免形成以点代面的错误观念。由于不同阶段的翻译思想都只是突出了翻译现象的某一具体侧面，如果学生对翻译史没有一个全方位的了解，就如盲人摸象，大家摸到的都是大象的不同部位，但都认为自己摸到的就是大象的全部。因此，翻译史教学能帮助学生把不同的翻译思想整合起来，对翻译现象形成一个全面完整的认识。根据达尔文的观点，个体发生能反映种系发生的规律。那么，教师可以通过翻译史教学来强化学生的个体发生过程，学生可以利用种系发生过程来比照、观察自己的学习进程，使自己有一种亲身参与历史进程的体验，减少学习的盲目性。翻译理论史分为 8 个阶段，假如这一种系发生过程与译者的个体发生过程一致，那么，其中每个阶段都代表着学生个体发展的必经阶段。因此，翻译教学就应该按照这一种系发生的过程规律实施。

第一阶段是词汇阶段，这是翻译教学的起始阶段，初学者自然会采用“词对词”的翻译方法，教师不能一味地抱怨学生过分注重词汇问题、停留于词汇层面，而是应该帮助学生尽快进入下一个阶段。不要忘了，这是初学者必须经过的阶段，教师应该充分利用这一阶段的特征，做好教学工作。在这一阶段，教师应该围绕词汇进行翻译教学，培养学生的词汇翻译能力。教学内容可涉及词典等工具书的使用、词语的外延意义和内涵意义、词汇语言学、成分分析、词典学、专门词语的翻译等，还可以利用词汇教学展开对“可译性”问题的讨论。

第二阶段是神谕阶段，主要强调语法形式和直译。一般来说，大学生往往处于这一阶段。大学教师经常批评学生固守中学传统的翻译习惯，但这也是学生整个发展过程的必要一环。正确的方法是使学生认识到“直译”只是翻译的一种形式，教学内容可涉及奈达的最小转换、字面转换和文学风格转换，以及纽马克的语义翻译和交际翻译，翻译材料可以选用侧重原文形式的文本类型（哲学文本和法律文本等）和要求事实准确的科技翻译。

第三阶段是修辞学阶段。在这一阶段，教学重点应放在学生译文文体的灵活表达上，可要求学生针对目标语进行写作训练，尤其是将母语译成外语时，更要强化对目标语驾驭能力的训练。休森和马丁提出的变异翻译模式适合这一阶段的训练，他们认为，翻译是建立在两个释义变体集合基础之上的，即源语释义集合和目标语释义集合。译者首先生成某一原文的释义变体集合，并给出其相应的目标语释义变体集合；其次分析比较两组释义变体集合之间的异同；最后根据目标情景制约因素和规范，从中选择一篇最佳译文。这一方法可以训练学生对两种语言的驾驭能力。在这一阶段，学生可以学习有关文体学、文本语言学、修辞学等理论概念，同时进行编辑、校读训练。

第四阶段是逻各斯阶段，主要强调语言的创造力和文学翻译。“杂合翻译”是这一阶段的中心概念，要求学生认识到原文可映射到译文中，译文不可避免地带有外来色彩，并学会区分语法次序与信息次序。在许多文本类型中，保留信息次序比保留语法次序更为重要；掌握主述谓结构，以及有标记强调句和无标记强调句等表达方式；识别显性翻译与隐性翻译，源语文化浓厚的文本应采用显性翻译，而一般文本可以采用隐性翻译。因此，文本类型是制约译者决策的一个重要因素，应该使学生明白译者并不总是隐形于目标文本与目标读者之间，有时也现形、在场、显示身份，承担译者的责任。

第五阶段是语言学阶段，主要强调语言学知识的重要性。教学内容应涉及符号学、语义学、语用学等，为学生评估、选择译文提供概念工具。在这一阶段还必须涉及对比语言学的内容，强调对两种语言系统的对比分析，为其译文形式的选择提供依据。

第六阶段是交际阶段，学生必须认识到自己作为译者、专业交际者的社会形象和社会作用，考虑翻译任务的整体性质，重视翻译交际过程中各参与者的作用：谁需要翻译，谁付钱，谁出版，谁是读者等。交际阶段不只关注文本本身，而且关注情景。教学内容可涉及交际理论，如格赖斯的合作原则及其准则、一般语用学理论（礼貌原则、关联理论、顺应理论等），强调译文的可读性，还可以展开对“对等”观念的讨论，使学生认识到任何交际者都不可能对同一交际做出完全相同的解释。

第七阶段是目标语阶段，侧重目标语的文化层面，翻译文本总是嵌入目标文化中。在这一阶段学生可学习多元系统论，练习翻译一些文化负载重的词语、典故等，掌握其处理策略。教师应提高学生对文本进行操纵的意识，使他们认识到文本操纵是不可避免的，是意识形态作用的结果，因此，译者必须负起责任。学生还必须明白处于支配地位的文本与处于边缘地位的文本之间的翻译是不同的，翻译规范因不同时期、不同文化而发生变化。

第八阶段是认知阶段，主要关注译者大脑这一“黑匣子”，探索译者的决策过程。从个体发生的角度来看，这是译者能力发展的成熟阶段，即自我意识阶段。译者的自我意识也包括对翻译行业种系发展的意识。自我意识可使学生从教条中解脱出来，成为一个自由的主体，一个对自己的行为负责任的主体，而不是一个顺从的客体。

（二）翻译教学必须遵循翻译能力的进化规律

翻译作为一种行为技能，是翻译能力的一个重要方面。切斯特曼认为翻译技能是可以学会的，学习过程必须遵循德雷福斯兄弟提出的专业技能发展规律。德雷福斯兄弟把专业技能的进化分为以下 5 个阶段：

第一阶段是初学者阶段。学生主要学习识别与技能相关的各种客观事实及特征，以获取决定行为的规律。这些特征非常显著，无须语境便可识别。

第二阶段是高级学生阶段。学生经历了更多真实情景后，发现有些特征是因情景变化的，是不能脱离语境的。

第三阶段是能力形成阶段。随着经验的增加，识别的情景特征增多，人们很难把所有这些特征都储存在意识中。因此，就必须发展优先选择意识，人们要学会决策的层级程序，包括情景的整体判断能力、制订计划以及选择实现这一计划最为重要的因素的能力。在这一阶段，有能力的学生具有任务目标意识，目标意识决定情景特征的优先选择。

第四阶段是熟练阶段。在这一阶段，人们不再只根据客观规则进行决策，更多的是根据个人经验。根据经验判断某些情景特征比其他特征更为凸显。学生能本能地运用这些模式，而无须解构这些模式。这并不是说整体性就排除分析性，熟练者根据直觉组织和理解任务的同时，也会对要做的任务进行分析性思考，因此，熟练者总是在直觉理解与理性的、审慎的行为之间摇摆。

第五阶段是专业技能阶段。在这一阶段，一切依赖于直觉。有意识的参与被无意识的参与所取代，专业技能不再是分析性的、运算性的，而是非理性的、直觉的。

因此，专业技能习得的整个过程是一个逐渐自动化的过程：从原子分析到整体识别，从有意识反应到无意识反应，从分析性决策到直觉性决策。

在翻译教学中，必须遵循这一循序渐进的专业技能发展规律，起初要刻意培养学生识别各种翻译模因的自我意识。教师要针对各种翻译模因有计划、有步骤地要求学生进行反复的翻译训练，并要求其翻译行为明确地受到意识的监控。随着翻译专业技能的发展，学生识别相关情景特征的能力和选择恰当翻译策略的能力逐渐趋于自动化，并最终成为一种直觉。这样，清醒的意识就演变成了译者能够随意运用的一种工具，各种翻译模因就内化为译者翻译能力的一部分。下面以翻译策略能力的培养举例说明。

在初学阶段，给学生介绍一些典型的翻译策略，要求学生在比较原语文本和翻译文本时识别这些翻译策略，把翻译策略作为概念和经验规则来学习。例如，要求学生找出某一翻译文本中使用的某些翻译策略。

在高级学习阶段，要求学生根据原文分析译文，列举他们观察到的翻译策略。此时，这些基本的翻译策略已是学生非常熟悉的概念了，他们已经具备在具体语境中识别这些翻译策略的能力。也可要求学生通过翻译练习，锻炼运用某些翻译策略的能力。例如，要求学生在翻译具有显著特征的、标记性很强的文本类型或段落时，使用某一具体的翻译策略，使学生逐步掌握翻译的句法与语法策略、语义策略和语用策略。

在能力形成阶段，主要侧重对学生分析决策能力的培养。要求学生进行译本分析，并阐明译者使用这些翻译策略的原因，思考译者优先考虑的因素或目标是什么。在进行具体翻译练习之前，要求学生陈述他们将要使用的翻译策略并阐明理由。

在熟练阶段，要着重推动学生从分析性思维转向直觉思维。要求学生在规定的时间内完成某一翻译任务，因为时间压力，学生只能依据直觉选择翻译策略，而没有时间进行分析思考。翻译任务完成后，要求学生针对所选用的翻译策略进行理性分析、比较和评估。也可进行分组讨论，让学生对各自的译文进行相互讨论和评价，目的在于帮助学生对通过直觉产生的译文进行反思。在专业技能具备阶段，无须实施教学。

第二节　功能翻译理论

二十世纪六十年代，英国翻译家纽马克将翻译纳入语义学的研究范围，英国翻译家贝尔根据心理语言学理论提出了翻译的心理模式。二十世纪七十年代，以德国的凯瑟林娜·赖斯、汉斯·费米尔等为代表的功能翻译理论学派形成，该理论以现代语言学和逻辑思维学为基础，在翻译实践方面具有较强的实用性和可操作性。功能翻译理论是以目的法则为主导的翻译标准多元化理论体系，主要关注翻译目的和译文功能。目的法则、连贯法则及文本类型理论是该理论的核心内容。功能翻译理论打破了文本中心论的翻译研究传统，摆脱了对等翻译理论的束缚，由此，翻译研究被纳入跨文化交际研究领域，拓宽了翻译理论研究的领域。

一、功能翻译理论简述

功能翻译理论的主要构成理论包括：赖斯的文本类型和语言功能理论、费米尔的目的论、曼塔利的翻译行为理论和诺德的功能加忠诚理论。功能翻译理论以目的为总则，把翻译放在行为理论和跨文化交际理论的框架中，实现翻译理论从静态的语言翻译象征论向动态功能翻译分析法的转化。

（一）赖斯的文本类型和语言功能理论

赖斯认为，译文应该在概念性内容、语言形式和交际功能上与原文对等，即综合性交际翻译。赖斯还认为，文本分类可帮助译者确定特定翻译目的所需的合适对等程度，并从两种角度对文本分类：一是根据文本的语言特点和习惯，将文本体裁或变体划分为工具书、讲稿、讽刺作品和广告等。二是根据主体交际功能，将文本划分为信息型、表达型和诱导型功能文本类型。

（二）赛米尔的目的论

费米尔目的论的核心概念是翻译方法和翻译策略必须由译文预期目的或功能决定。基于行为理论，费米尔提出翻译（包括口译和笔译）是一种目的性行为，决定翻译目的的最重要因素是译文预期的接收者。在翻译过程中应遵循三个总体原则，即目的原则、连贯原则和忠实原则。目的原则是所有翻译应遵循的首要原则，即整个翻译过程，包括翻译方法和翻译策略的选择，都是由翻译行为所要达到的目的来决定的。目的论把翻译行为所要达到的目的概括为三种：译者的目的、译文的交际目的和使用某种特殊翻译手段所要达到的目的，其中译文的交际目的最为重要。连贯原则是指译文须符合篇内连贯的要求，是针对译文语篇内部及其与译语文化之间的关系而言。忠实原则是指译文与原文之间应符合篇际连贯的要求，是针对译文语篇与原文语篇之间的关系而言的，近似于译文应忠实于原文的说法，但对原文忠实的程度和译文形式取决于译文的目的及译者对原文的理解。需注意的是，忠实原则必须首先服从目的原则和连贯原则。目的决定一切，从翻译策略、翻译方法到对原作形式与内容的取舍，再到目标文本的制作，都以翻译目的为参照。费米尔把原文只看作是一种“信息供源”，仅提供翻译委托所需要的信息，而不是评价译作的唯一或最高标准。译者有权按照翻译目的来取舍其中的信息，是否与原文保持篇际一致是由翻译目的决定的，忠实于原文只是其中的一种可能性。翻译位于两极之间——遵循目标文化的行为与预期、用目标文化的方式来表达源语文化的特征。这两极之间存在多种可能性，忠实于原文只是其中的一种可能性。翻译目的实现的可能性取决于目标文化的条件，而不是源语文化。委托只是间接依赖源语文化，因为翻译不得不涉及原文本，只有在特定的情况下，这个目的的实现才需要依靠目标文化与源语文本的关系。

（三）曼塔利的翻译行为理论

曼塔利提出了翻译行为的概念，并探讨了包括文本转换在内的所有跨文化转换形式，着重论述了翻译过程的行为、参与者的角色和翻译过程发生的环境三方面的问题。曼塔利指出，翻译和翻译行为是两个不同的概念，翻译行为是为实现信息的跨文化、跨语言转换设计的信息传递过程；而翻译只是文本形式上的跨文化转换活动，在转换活动中，交际性的语言符号或非语言符号（或两者兼有）从一种语言转换成另一种语言。翻译是翻译行为的具体操作，翻译的实质反映出翻译的三个性质：目的性、交际性和跨文化性。该翻译理论从译者的视角来全新诠释翻译活动，使翻译摆脱了源语的束缚。

（四）诺德的功能加忠诚理论

诺德从翻译文本、翻译方法和翻译单位等方面阐述了功能翻译理论。诺德的功能加忠诚原则，要求译者对翻译过程中的各方参与者负责，并协调各方关系。翻译使译语文本与源语文本之间保持联系，并根据译文预期或所要求的功能来具体化，从而使客观存在语言文化障碍的交际行为得以顺利进行。诺德从功能的角度划分了文本和翻译的类型。文本有四个基本功能：指称功能、表达功能、诉求功能和寒暄功能。文本功能的不同模式是编写翻译教材和翻译教学课程设置的基础。诺德区分了翻译过程的功能及所产生的译文的功能，并概括出翻译的两种基本类型，即纪实型翻译和工具型翻译。纪实型翻译旨在用目标语创作出一个真实反映源文交际活动的文本，记录源语文化的信息发送者和接受者在源语文化条件下通过原文进行交际。工具型翻译作为目的语文化中独立的信息传递工具，实现新的交际行为。

二、大学英语的语言特点及翻译原则

大学英语是依托英语基本语言为各专业服务的专门用途英语，是英语的一种社会功能变体，属功能性语言范畴，其内容涉及英语语言基础知识、各专业知识、行业习惯、民族习惯、人际关系和处事技巧等。大学英语源于普通英语，既具有普通英语的语言学特征，又是专业知识和普通英语的综合体，因而其具有内在的独特性。

大学英语在词汇、句法、语篇和社会4个方面具有显著的特点。在词汇方面，大学英语的语言形式、词汇以及内容等与专业知识密切相关，承载着各专业理论和各专业实践等方面的信息。大学英语具有专业词汇、缩略语和合成词多，以及大量借用古词语和外来词语的特点，而且用词正式严谨。在句法方面，大学英语具有长句突出、以陈述句为主，以及套语和套句众多的特点。大学英语语句的最大特点为简洁严密性，注重表达效果的准确性、时效性和逻辑性。在语篇方面，大学英语格式固定，语言正规简洁，风格准确严谨，语气庄重礼貌。在社会方面，大学英语具有目的性、信息性和文化背景鲜明的特征。大学英语翻译是一种跨语言、跨专业、跨文化的交际活动，大学英语也具有自己鲜明的文体和语言特色。大学英语翻译是一种复杂的互动思维的心理活动和信息处理过程。翻译主体（译者）的知识结构（图式）与翻译客体（文本）的理解和表达有着十分密切的关系。原文的理解和表达效果取决于译者的双语表达能力、相关专业知识、语言文化知识和语篇知识。

近年来，随着对外交流的增加和商务活动的频繁，大学英语翻译承担着越来越重要的任务，因此，作为指导商务翻译活动的翻译理论研究更应得到重视。大学英语翻译的标准有其特殊性，无论是严复的“信、达、雅”，还是纽马克的交际翻译法都无法完全套用，但均可适当借鉴。综合众多观点，大学英语翻译应遵循“忠实、准确、统一、通顺”的原则，国外各种翻译标准都是围绕文体的内容、形式、整体信息的传递或对等展开的，国内的各种翻译标准与国外的大同小异，主要围绕着忠实、等值、达意、传神等展开。鉴于大学英语的特性，大学英语的翻译标准可以是“信息的灵活对等”，即原文与译文语义信息的对等、原文与译文风格信息的对等、原文与译文文化信息的对等。大学英语翻译应遵循准确性原则、专业性原则和规范统一原则。

三、功能翻译理论在大学英语翻译中的应用

功能翻译理论注重译作在新的文化语境里的传播与被接受度、跨文化传递行

为的最终目的和效果以及译者在整个翻译过程中所起的作用。因此，该理论为翻译活动从宏观角度提供了理论依据。

（一）目的性原则对大学英语翻译的指导作用

功能翻译理论认为，任何翻译都是有目的的，或要实现一定的功能，且翻译行为的目的是决定翻译过程的最高法则。在大学英语翻译实践中，基于目的性原则对原文本传递的多元信息进行有选择的翻译，可提高翻译质量，达到预期的翻译目的。大学英语翻译是在源语语篇和目的语语篇之间建立一种功能对等的关系，即目的语语篇和源语语篇在思想内容、语言形式以及交际功能等方面实现对等，完成完整的交际行为。因此，信息传达的真实性和读者效应是大学英语翻译的核心。

（二）连贯性和忠实性原则对大学英语翻译的指导作用

功能翻译理论的连贯性原则和忠实性原则有助于译者较好地实现译文的文本功能。就大学英语翻译而言，忠实性体现在译文应精确地传译相关术语，做到译文的简洁、严密和庄重同译文的规范性、整体性以及礼貌和功能等方面的对等。大学英语翻译的忠实性就是要求译文有较高的准确性，这种准确性除了要求对术语进行正确的运用外，更重要的是要求译文在传递原文所包含的基本信息方面较少失真。

（三）文本类型理论对大学英语翻译的指导作用

文本类型理论是功能主义理论的出发点和精微，大学英语文本多属信息型文本，是以传递信息为主要目的，又注重信息传递效果的实用文体。鉴于不同的文本具有不同的交际目的和功能，翻译策略也不应一概而论。

（四）功能加忠诚理论对大学英语翻译的指导作用

功能加忠诚理论从文本功能出发，指导大学英语翻译译者从认识译文文本在目标语境中的功能出发，使译者在最大限度地忠诚于各方的基础上，力求把译文功能与处于特定语境的原语文本同时加以考虑：既注重译文功能，又兼顾原作者和读者的利益，使译文功能在目标语境中得以充分发挥和实现。这对于信息量大、以文本内容为中心、功能明确的大学英语翻译无疑具有重大的指导意义，有待于大学英语翻译译者在翻译实践中加以学习和运用。因此，译者应针对不同的翻译任务和不同的读者需求而采取不同的翻译策略。无论从理论角度还是从实践角度，功能加忠诚理论都对大学英语翻译起着较好的指导作用。

第三节　图式理论

图式理论在翻译的理解和表达过程中起到了重要的指导作用，它反映了已存在的认知结构在处理外界信息时的主动性。翻译实践表明，译者的相关图式越丰富，对文本的解读能力越强，翻译出来的文本可接受度越大。因此，在翻译教学中，教师有必要激活学生已有的翻译相关图式，同时，也应该帮助学生建立更多新的图式。认真研究图式理论的精髓，尤其是深入分析图式的功能、图式的激活，就会发现它们都具有双向互动和动态发展的属性特征，这正是语言技能培养的研究与实践的切入点。

一、图式与图式理论

图式本是认知心理学的一个术语，用于表示人类一般知识的一种心理结构。图式在心理学中并不是一个新概念，最早是由德国哲学家康德提出，后为人们沿用并衍生新意。康德认为，图式是过去的知识在大脑中的储存。图式本身并无意义，只有当它同人们周围已知事物相联系或相参照时才会产生意义。在接受新信息、新概念、新思想时，只有把它们同脑海中固有的知识联系起来才有意义。二十世纪七十年代，心理学家对理解和记忆的研究日渐深入，英语心理学家巴特莱特的理论获得了新的意义，它不再局限于一个心理学术语，而是逐渐进入语言学家研究的领域。在语言学领域，图式理论可以理解为关于背景知识在语言理解中的作用的学说，即人们在理解新事物的时候，需要将新事物与已知的概念、过去的经历，即背景知识联系起来。对新事物的理解取决于头脑中已经存在的图式，输入的信息必须与这些图式相吻合，图式才能起作用，才能完成信息处理的一系列过程。如果大脑不具备相关的图式，或者虽然具备了相关图式，但由于种种原因未能激活它，那么就不能理解新事物。

图式包括语言知识、社会文化知识和其他知识，根据这些知识的不同性质和特点，图式可以分为三大类：语言图式、内容图式和形式图式。语言图式是指读者先前的语言知识，即关于语音、词汇和语法等方面的知识。内容图式是指文章的内容范畴，是文章的主题，因而内容图式又被称为主题图式。形式图式通常也被称作文本图式，或者修辞图式，是有关各类文章篇章结构的知识。图式理论的发展为语言学、语言教学特别是外语教学带来了新的思维、新的研究途径，同时也为翻译教学提供了新的视角。

二、图式的功能

（一）选择功能与信息的注意、编码和检索

图式的选择功能包括信息的注意、编码和检索。注意是指信息加工能力的取向和集中；编码是对信息进行加工和存储；检索是从记忆中提取信息。这种选择功能与已有的专业认知图式相联系，可上升为计划功能，即在环境中有计划、有目的地寻找需要的信息。

（二）整合功能与认知的同化、顺应和平衡

与认知的同化、顺应和平衡整合的过程是人们提取存储于自己头脑中的内部信息，将其加到外部信息上，用内部信息处理外部信息的过程。在这一过程中，通过同化、顺应和平衡，实现认知发展。图式正是经过同化、顺应、平衡而逐步

发展成更高一级的形式。

（三）理解功能与认知的广度、角度和深度

对同一事物理解的角度随着认知图式的不同而不同，认知图式不同，对相同信息理解的深度和广度也是不同的。一个完整的、正确的图式还可以帮助人们推测新的事实。

翻译属于语言之间的一种转换活动，也就是说，翻译是将一种语言用另一种语言进行表达的转换过程。这种过程从表面上看是一种语言活动，但从翻译的主体即译者的角度来说，翻译实质上是一种思维活动。这就是翻译的本质，即由思到言的过程：思即理解，是对源语文本的正确解码；言即表达，是在理解源语文本的基础上创造译语文本。随着认知语言学的兴起和发展，翻译研究也拓展到新的思维领域。从阅读的心理过程来看，翻译是一个解码和重新编码、理解和表达的过程。译者将原语言所包含的信息通过记忆信息解码并重新编码为目标语言，而在这一过程中，图式理论起着重要的指导作用。因此，翻译交际实际上是原文作者、译者和译文读者三方交流互动的过程。要使交际成功，译者作为原文的读者首先应充分地理解原文作者意欲表达的信息和意图，然后在译文中传递给译文读者。

无论是译者对原文的理解，还是译文读者对译文的理解，在理解过程中接受新信息时，他们必须把新信息和文本中提供的旧信息以及交际情景相结合，并在自己的认知语境中寻找并激活相关的图式，推导出作者意欲传达的意图，从而形成对新信息的理解。

一方面，图式在翻译的理解阶段起到指导作用。图式理论在解释文本的理解过程中强调两种信息处理方式：一种是自下而上的加工方式，也被称为“数据驱动加工”，即由词到句乃至意义的逐步解码过程；另一种是自上而下的加工方式，也被称为“概念驱动加工”，即译者以已有的知识为基础，对文本的意义进行预

测以及动态的交互过程。而且，译者要有相关的语言、内容以及形式图式，且在图式被激活的情况下才能正确地理解源语言。对译者来说，拥有的相关图式越丰富，就越容易理解和进行解码。反之，图式较少或缺乏相关图式，就会对理解产生障碍。也就是说，阅读时不能恰到好处地运用背景知识，就不能成功地激活图式，阅读理解就会受到严重的影响。因此，在翻译的理解过程中，译者还要善于激活大脑中与源语文本相关的图式，以求对源语文本进行充分正确的理解。

另一方面，图式在翻译的表达阶段起到指导作用。读者对译文的理解同样有一个“图式”的问题，图式理论专家指出：要达到正确的阅读理解，读者不仅要具备相关图式，同时还必须激活图式。图式不能有效激活的原因之一，是阅读材料没有提供必要的信息或者刺激。因此，译者的表达既要符合潜在的译文读者的“图式”，又要能提供足够的信息以激活读者的图式，使表达能为译文读者所理解。只有这样，才能使翻译完成从译者对源语文本的正确理解到潜在的译文读者对译文的理解，最终实现不同语言与文化的发送者和接收者之间的交流目标。

四、图式理论对培养大学生英语产出技能的作用

图式理论是一种关于人的知识是怎样被表征出来，以及关于知识的表征如何以特有的方式有利于知识的应用的理论。人类的认识依靠记忆中已经存在的图式，面对世界上千差万别的个体，图式能够使人把各种物体区别开来。人们处理外部信息都需要调用大脑中的图式，依照相关图式来解释、预测、组织和吸收外部信息。可见，图式具有认知的能动性，它既表征知识，又蕴含能力，从中可以就培养大学生英语产出技能问题获取有益的新启示。

（一）构建英语图式知识，增强大学生英语产出的认知储备

大学生虽已具备了相对完整的英语知识体系，但不少学生面对具体的语言产出应用任务时仍无能为力。这是因为，语言产出的过程实质上是一个问题解决的

过程。学生有无解决问题的办法，不仅与有无足以表达这一命题的词汇量、充足的句法知识、足够的与主题相关的信息等相关，更与这些知识信息在头脑中的组织结构相关，即与其图式水平相关。

图式不仅是相关知识的集合，而且是人们过去积累的知识、经历以及相应能力在大脑的动态组织，是一种积极的发展模式。大学英语教学应在教学的不同层次上，不断构建、发展和完善学生相关的认知图式，从知识信息和认知图式两方面加强积累和储备，增强学生的语言产出能力。

在词汇、句型教学层次上，应注意构建一些与基本词汇和句型有关的语言图式知识，加强基本句型的教学和强化训练。基本句型及其转换形式能够衍生出无限的实际使用的句子，这正是最基本的语言图式知识。在段落、语篇、文体教学层次上，学生缺乏的不是与主题有关的单个知识信息，而是缺乏这些知识信息的有机结构，即缺乏相应图式知识。因此，教学应着重段落图式、语篇图式和文体图式的构建。有了词汇、句型、段落、语篇、文体等各个层次的图式知识以及各层次图式的相互联系，再将其与学生的背景知识和语言技能技巧相结合，就能增强学生的英语认知储备，为实现英语产出夯实基础。

（二）发挥图式作用，提供大学生英语产出的认知向导

学生语言产出技能的练习过程是一个对目的语不断作出假设并对此假设不断进行修正的过程。图式理论强调两种基本的信息处理方式，即材料驱动和概念驱动。如果说语言材料的接收主要是采取材料驱动的处理方式，那么语言产出的作用，主要表现在推理和预测。图式的固有功能对基于预测的语言产出的准确与流利发挥着重要的导向作用，为实现教学任务提供了契机。图式的作用主要表现为以下两个方面。

一是发挥图式的选择功能作用，准确定位信息，迅速提取信息。学生的英语产出不是随意的，而是受到认知图式的制约和影响的。应以准确的任务要素刺激

学生的图式知识信息，引导其提取有价值的信息，组织语言产出。如果在学生已有语言认知图式的基础上，将选择功能上升为图式的计划功能，就能让学生在具体的语言环境中有计划、有目的地寻找实现语言产出所需要的信息。

二是以上过程不断进行修正，实现准确的语言产出，就可以找到不少切入点来推动这一过程向正确的方向发展。例如，从潜在的众多图式中推理出适合交际情景的一个图式来帮助解释交际中接触的信息内容；在已选择出的图式中进行推理，从而使其各组成部分充分发挥作用；当交际信息出现“缺省值”时，从已有的背景知识中推理出该内容，填充空当，从而达到理解的目的；借助图式为理解交际语言内容提供参照，帮助预测下一步语言交际可能出现的情景和需要准备的语言材料。

（三）激活已有图式，成功实现大学生英语产出的突破

语言产出过程中出现的脱节、阻滞或停滞等情况，往往是由于图式激活受阻。学生的图式激活不畅或受阻，可能就在于与主题相关的某单个或多个甚至是整个图式的激活问题，此时应帮助学生掌握激活图式的途径和方法，突破图式的瓶颈，顺畅地激活受阻的图式，提高语言产出的技能，成功地实现语言产出。在激活图式的两种基本模式中，语言产出技能培养教学更应偏重“自上而下”的训练，即通过“概念驱动”的途径，激活与主题相关的图式体系，为交际活动和语言产出提供一个尽可能完善的认知图式环境。概念驱动还可以更有效地发挥图式的推测和假设作用，让图式激活过程随着交际和语言产出的进行而层层推进。

图式的激活方法训练，还可参照安德森和皮尔逊（1984）提出的关于图式激活的三个假设：第一个假设，与图式相关的任何一个词语都可能使人们想起整个图式。这些单词对学生来说具有诊断性的价值，就是所谓的“关键词”。第二个假设，当两个或更多的刺激物被提到时，图式更容易被激活，可见图式的激活也有量变和由量到质的转化问题。第三种假设，一旦图式被激活，就可能使人们想起图式的组成部分。这其实就是概念驱动模式的具体运用。

五、图式理论对翻译教学的启示

图式理论揭示言语理解的本质，对认识翻译起着积极的指导作用，从而给翻译教学带来启示。在翻译教学中，教师除了自身掌握图式理论外，还应帮助学生认识图式理论在翻译理解阶段和表达阶段的重要作用，学习有效运用图式的策略，并通过各种翻译实践活动加强学生运用图式的意识。

首先，在翻译教学中，教师应帮助学生建立和完善丰富的语言图式。语言是传递信息的工具，没有相应的语言图式，就无法识别原文的词句，也就无法利用原文提供的信息和线索去调动大脑的内容图式和形式图式，也就谈不上对原文的理解。因此，语言图式是词汇、语法和习惯用法等方面最基本的语言知识，掌握了这些基本的语言知识，学生才能更容易地进行解码，消除最基本的翻译障碍。这就要求在翻译教学中，教师应使学生加强各方面知识的积累，包括对词汇、语法和习惯用法等最基本的语言知识的掌握。

其次，在翻译教学中，教师应帮助学生建立和扩充丰富的内容图式。所谓内容图示的建立和扩充，就是对文化背景知识的了解和丰富。对一个民族文化背景知识缺乏了解，往往是造成沟通理解困难的一大因素，所以说内容图式对理解的作用大于语言图式的作用，它能帮助我们预测信息、选择信息和排除歧义，在一定程度上弥补语言知识方面的不足。

最后，在翻译教学中，教师应帮助学生强化对形式图式的理解与运用。不同文章有各自的特点和框架，如政治性的文章通常是比较性的，新闻性的文章通常是描述性的，历史性的文章通常是时间性的等。对文章体裁结构的了解也有助于对文章内容的了解，对这些知识的了解就是形式图式的建立。翻译不仅是字词句的理解与表达，更离不开宏观上对语篇层次的结构分析与理解。因此，在翻译教学中，教师应帮助学生掌握其逻辑关系和内在联系，这样既有助于加深学生对原文的理解，又可以提高学生的思维能力。

图式理论既研究语言理解的本质，也研究语言理解失误或失败的根源，它对设计翻译教学内容、分析学生翻译问题等具有一定的指导作用。

（一）对教学内设计的指导作用

图式理论的核心是图式激活，即译读者的固有知识与输入的信息产生共鸣或交互作用。图式激活要求译读者具备与所输入信息相匹配的知识以及有效激活固有知识的策略。由此可见，培养和丰富学生的各种图式，包括语言、修辞、篇章结构、文化和语用等知识，提高学生有效地运用各种图式构建正确语篇意义的能力，应是翻译教学的重要内容。

图式激活理论对翻译教学的意义还在于，它要求译者的译文要适合潜在读者的图式。翻译中的英式中文和中式英文现象往往会阻碍译文读者有效地激活图式，因而译者既要具备目的语图式，又要具备沟通两种不同语言图式的能力。被动语句、抽象名词和无生命名词作主语等是西方人客体型思维模式在语言中的典型表现，而主动语句、具象词等则是基于汉语人的本体型思维模式。好的译者往往善于处理两种语言表达的相互转换，因此，帮助学生提高这方面的能力同样是翻译教学的重要内容。此外，以翻译为目的的理解与以阅读为目的的理解有所不同，后者可以是全面的、深刻的，也可以是对主旨或部分细节的理解，而前者必须是全面深刻的理解。因此，略读、跳读、猜测或忽略生词等可能是阅读教学的主要特点，而细读、反复推敲则是翻译教学的主要特点。

（二）对分析学生翻译失误的指导作用

学生的许多翻译错误是理解不当造成的，对理解失误，我们通常可以根据图式理论找到不同的根源，如图式空缺、单向加工或策略不当等，也只有了解了错误的根源，才能做到治本。

1. 图式空缺

图式空缺指读译者的理解失败是由于缺少某种知识结构或图式，无论语言知识还是内容知识的空缺都有可能导致理解失误。例如，把“Air Jordan is considered to be the best in history”,译成“乔丹航空公司被公认为有史以来最好的航空公司”,是因为不了解“Air Jordan”是篮球明星迈克尔·乔丹的外号“‘飞人’乔丹”。

2. 单向加工

有时读译者的理解失败是因为依靠单一的加工模式：或仅是逐词逐句解码，或仅凭先存知识来做判断。图式理论专家认为，外语学习者往往更多依靠自下而上的解码模式。中国学生常常把“Before you know where you are，your children have grown up”，译成“在你知道你在哪里之前你的孩子们长大了”，“在你知道你在哪里之前”就是对“Before you know where you are”逐词解码，虽然字面意思对了，但显然不符合逻辑，如果学生能将字面意义和常识结合起来，就能得到合乎逻辑的理解：“一转眼孩子们长大了。”

3. 策略不当

能力强的读译者和能力弱的读译者的主要区别在于，前者善于根据特定语言环境变换信息加工模式，而后者无论在什么情况下往往只会使用一种信息加工模式。同样是“Can you + 动词短语”，有时自下而上的单向加工过程可行，如“Can you swim?”（你会游泳吗？），有时需要自下而上和自上而下的双向加工过程，如“Can you pass me the salt?”（请把盐递给我。）。

第四章　数字时代英语翻译教学新变化

大数据驱动下的大学英语教学是时代发展的要求与必然趋势，推动大学英语教学的改革，对新兴的英语人才的培养有着十分重要的作用。但是，大数据驱动下的大学英语教学中，还需要注意一些基本层面的问题。本章将从大学英语教学的信息化诉求、大数据为大学英语教学带来的巨大变革以及大数据驱动下大学英语教学的优势与属性几个层面展开分析。

第一节　英语翻译教学信息化诉求

一、英语翻译教学信息化诉求简述

当前世界，社会形态日益显现出来，加之当今社会人们的地位是受信息资本影响的，这就要求人们不断努力获取生存的信息资本。英语作为一门国际性通用语言，是人们获取生存信息资本的一个重要工具。因此，越来越多的人开始采用各种手段与方式学习英语，为了与人们的英语学习需求相符，很多共享开放的网络资源平台出现，慕课、微课、翻转课堂教学模式也应运而生。在校学生以及其他英语学习者，不仅仅局限于固定课堂与教材，还可以借助多元的手段来学习。也就是说，21 世纪的英语教育形式正在向个性化、随时随地的层面转型，英语教学的信息化革命正在悄然来临。

基于这一背景，2012 年 3 月，教育部颁布了《教育信息化＋年发展规划（2011—2020 年）》（以下简称《规划》），制定了 2011—2020 年全国教育信息化的建设蓝图。《规划》从信息技术对教育具有革命性影响这一理念出发，注重构建教育信息化体系，并指出应该将教育与技术相结合，推动信息技术与外语教育的融合。另外，《规划》还指出，除认识到教育信息化对外语教育的作用外，还应该注重教育信息化对外语教育的引导，即教育信息化对外语教育主流层面的革新。

《规划》指出，到2020年，全面完成《国家中长期教育改革和发展规划纲要（2010—2020）》所提出的教育信息化目标任务，形成与国家教育现代化发展目标相适应的教育信息化体系。这意味着应该加快教育信息化基础设施的构建，开发优质的教育资源，并进行合理的应用，从而保证教育管理信息系统的建设。

可见，《规划》的基本理念就是将信息化运用到外语教育中，并在外语教育中发挥其不可替代的作用，要实现这一目标，教育信息化建设势在必行，需要发挥现有的网络技术，实现资源的共享，从而保证外语教育的革新。

从上述教学实际对外语教育规律的探讨可以看出，在大数据背景下，优质的教学资源与开放的在线课堂已经悄然向我们走来。这就导致英语翻译教学的信息化诉求越来越强烈，传统的英语翻译教学在不断发生改变。

二、大学英语信息化教育的开展

（一）信息技术

当今社会已进入信息化高速发展的社会，信息和知识已成为推动社会发展的两大动力，现代信息技术已经渗透到人们生活的方方面面。

就信息技术的概念而言，目前人们多从广义和狭义两个方面来理解和解释。

从广义上说，信息技术是指对信息加以处理与管理的各种技术的综合，包括通信技术、感测技术、控制技术、计算机技术、智能技术等。

从狭义上说，信息技术是指能够展现信息技术特点的一些技术，具体来说，主要可以从如下四个层面理解。

（1）信息技术可以被定义为信息与通信技术，主要是运用计算机对信息系统与应用软件进行开发与设计的技术，包含计算机技术、传感技术等。

（2）信息技术可以被定义为3C技术，即计算机技术、控制技术、通信技术三者的集合。

（3）信息技术又被称为C&C技术，指的是运用计算机技术获取、传递、分配、处理信息的技术。

（4）信息技术是指应用管理技术，并在科学、技术等层面对信息加以控制与处理，实现人机互动的活动。

通过对上述信息的分析不难发现，信息技术的核心在计算机技术，并且与其他技术共同作用，实现信息的获取与传递、交流与转换、检索与存储等。

（二）信息技术教育

很多学者认为，信息技术教育应该分为古代信息技术教育、近代信息技术教育、现代信息技术教育，或分为传统信息技术教育和现代信息技术教育，这实际上是不规范的，也就是说不能以明确的时代划分作为对信息技术教育的划分标准。部分学者指出，信息技术教育作为一个新兴学科，其发展起来也是近几十年的事，现代教育理论和现代科技成果是信息技术教育得以发展的重要基础，所以不需要以传统和现代为标准来划分教育技术。

但随着信息时代的到来以及信息技术的高速发展，人们已经普遍接受了“信息技术教育”一词，我国信息技术教育学术界指出，现代的信息技术教育指的是以现代信息技术为核心技术、在现代教育思想和方法及学习心理学的指导下进行的教育技术研究与实践活动。在信息技术教育还没有大量出现之前，信息技术教育的发展主要是依赖教育理论与媒体技术，当时产生的信息技术教育与现代信息技术教育是有区别的。可见，信息技术教育的内涵与信息化、信息技术、信息时代密切相关，主要表现为以下几点。

1. 以信息技术为主要依托

从本质上说，教育是由信息的产生、选择、存储、传输、转换以及分配等一系列环节组成的系统工程。在这个工程中所采用的多媒体技术、电子技术、信息处理技术、网络通信技术等各种先进技术都属于信息技术。在教育中引进这些信息技术，可使信息传播速度更快，教学效率更高。当今社会，知识迅速增长，在这个环境下，教学效率备受重视，教学质量的提高首先需要提高教学效率。

2. 强调以学习者为中心

以学习者为中心是信息技术教育学科强调的一个重要观点。具体表现为如下几个方面。

（1）在确定教育目标时，要使社会的要求、学习者的需求都得到满足，鼓励学习者发展的多样化。

（2）在选择教育内容时，要以学习者需要学和适合学的内容为主。

（3）在选择教育方法时，鼓励学习者自主学习和小组合作学习，培养学习者的合作能力、团结意识、人际交往能力等非认知技能，使其更好地适应生活。

（4）在安排教育形式时，以灵活的形式为主，与学习者的学习、生活相协调，巩固终身教育的地位。

3. 使教育资源的配置更加合理

多媒体技术与计算机网络的普及使得社会成为一个密不可分的整体，学习者可从自身的学习目的、学习需求出发对学校、课程及教师进行自由选择，各学校之间、学校与社会之间逐渐失去了明确的分界线，社会教育资源将按学习者的需求而合理分配，人为因素的影响会越来越弱，社会人力、物力、财力等资源将会得到更加充分的运用。

（三）信息技术教育的研究范畴

信息技术教育的研究内容是控制与分析研究对象，具体包括以下几个方面。

1. 学习过程和学习资源的设计

在相关理论（教学理论、媒体传播、学习心理等）的指导下，完整而详细地设计教学系统，以达到预期的学习目标。这个过程包括多个环节，如分析学习者、学习目标、学习内容，选择教学媒体、教学策略，评价学习效果等。在教学设计中，这是一个非常重要的组成部分，也是比较独立的研究环节。

2. 学习过程和学习资源的开发

信息技术教育研究在教学过程中如何有效应用各种教学模式、媒体技术，这其实是用实践数据支持理论发展的过程。并不是仅仅采用某种媒体技术对教学产品进行制作就能完成对学习过程与资源的开发，更重要的是要从实践上改进整个教学系统。开发的范围有大有小，某个教学项目、某节课或某个系统工程规划都可以。

3. 学习过程和学习资源的利用

信息技术教育研究如何对源源不断的新技术、最新学科成果及相关信息资源进行利用与传播。

4. 学习过程和学习资源的管理

信息技术教育研究如何规划、组织及调控学习过程和优化整合学习资源。管理对象包括信息与资源、教学系统、教学研究等。优化教学效果离不开科学管理。

5. 学习过程和学习资源的评价

信息技术教育研究如何评价整个教学系统的运行状态及运行效率。既要评价单一环节或因素，又要评价整个系统，将形成性评价与总结性评价结合起来，从多个角度采用多种方式进行科学评价，完善评价体系，从而更有效地改进教学系统研究。

以上几个方面分别解释了信息技术教育各部分的内涵，各部分之间相互联系，相辅相成，而非绝对孤立与封闭。在教育实践中，各部分经常是结合在一起出现的，如设计与开发的结合、开发与利用的结合、设计与评价的结合、利用与管理的结合等。可以说，信息技术教育是为了实现最优化的教学效果而在综合运用相关理论与技术的过程中对各教学系统的研究和实践。

从学科属性来看，信息技术教育属于教育学科的范畴，但具有交叉性、综合性等鲜明特征的教育技术又不仅仅属于教育学科，正因为如此，信息技术教育研究才对学习者的综合素质提出了更高的要求。

（四）信息技术教育的巨大作用

1. 更新教育观念

信息技术教育的创新与应用可使教育者对教学过程与教学资源利用有新的思考，进而促进教育观念的更新。

在传统教育中，以教师为中心，教师作为传授知识的主体，在教育教学过程中发挥着十分重要的作用，而且这种作用被放大化，整个教学都围绕教师来进行，教师是教学技术（黑板、教学教具模型）的使用者，学生只是被动地参与学习。

在教育教学观念方面，信息技术的科学应用为教育的发展提供了新思路、新思想、新办法，促进了现代教育观、现代学校观、现代人才观的形成。

在信息技术教育中，信息技术在教育教学过程中得到了广泛利用，多媒体计算机技术增加了师生之间的交流与沟通，网络技术实现了师生之间交互的双向教学，教师从单纯地讲授书本知识转变为利用多媒体技术进行教学设计。信息技术在教学过程中的应用，使学习者从被动地接受知识转变为利用信息技术进行自主学习，学生能更加主动地获取知识，教师也在教育教学过程中逐渐建立起以学习为中心的观念，“应试教育”更加彻底地向“素质教育”转变。

2. 提高教育质量

信息技术的应用极大地提高了教学质量。具体来说，教育教学质量的提高表现在教育教学过程中真正实现了教育教学目标，促进了学生德、智、体、美等多方面的发展。信息技术在教育教学过程中的应用对学生的多方面素质的发展均有较高要求，学习过程中学生的各项知识与技能不断得到提高，手、眼、耳、鼻、口各个感官共同应用到学习过程中，促进了学生大脑思维的发展。

信息技术对教学质量提高的促进作用具体分析如下所述。

（1）信息技术为教学提供技术支持，能为现代师生的教学提供一个良好的交互环境，给学生提供更加自主学习的机会，使学生更加主动地投入到学习中去，更加积极地去收集、处理、加工、反馈各种学习信息，有助于增强学习效果，促进学生主动性发展、个性化发展，提高个体教育品质。

（2）现代信息时代，信息技术教育无时间、空间限制，这有利于创建大教育的格局，能更加高效地调动各种教学资源，使得优质教育资源得到有效整合，扩大优质教育资源的受益面，进而促进教育质量的整体提高。

（3）现代化的教育教学强调高素质全面发展的人才的培养，强调学生的发展应与社会发展相适应，新的教育观念将会催生新的教育质量评价方式和评估体系，并有助于建立信息全面的大数据跟踪与检测系统，促进每一名学生的真正发展。

4. 提高教学效率

生产技术的改革必然会促进生产效率的提高，在教育领域，信息技术也具有相同的提高教学效率的作用。

所谓教学效率的提高，是指一定时间内完成更多的教学任务，或者完成相同教学任务量使用更少的教学时间。信息技术的发展及其在教学中的应用可缩短教学时间，能更加高效地实现教师和学生在教学过程中的知识输出与输入。

在信息技术教育的应用过程中，丰富而先进的信息技术可使学生综合利用多种感官进行学习，使学生充分获取知识，有实验证实，在学习过程中，学生利用的感官越多，越有利于其对知识的记忆、理解，越能帮助学生获得较佳的学习效果，进而提高教学效率。

5. 促进教育改革

信息技术教育的发展是教育改革与发展的制高点和突破口，引起了教育领域的多方面变革。具体分析如下。

（1）教学模式的变革。在教育教学模式上，传统的教育模式限于校园内的教室、教师、黑板和教科书。现代教学媒体改变了原有教育过程的结构，形成了多种“人—机—人”的教育新模式。

信息技术在教学中的应用，突破了有围墙的学校模式，卫星电视网络、计算机技术、多媒体技术、网络技术的发展与教学应用，使教师的“教”与学生的“学”均摆脱了学校、课堂、时间、地域的限制，远距离教学的模式——“网络大学”“开放大学”“全球学校”得以实现。

（2）教学组织形式的变革。在传统的教育中，教学组织形式是以学校、班级和课堂为主要场所，在教学过程中，也重视学生的个体化发展，提倡个别答疑、分组学习。但是，受多种条件限制，学生的统一化教学仍是主要教学形式，学生的个性化教学难以实现。

随着现代化信息技术在教学中的应用，学生的小组学习、个别化学习成为可能，例如，在计算机教学中，应用电子教室可实现全体、分组和个别化的自主学习，网络化的传输功能还能使各种学科实现实时交互学习。

（3）教学手段与方法的变革。信息技术在教学实践中的应用，为教师的多样化灵活教学提供了更多的技术支持，也能丰富学生的感官体验，有助于提高教师和学生的积极性与主动性。

在教育教学实践过程中，教师对多样化的教学工具与方法的选择及应用，能为学生的不同内容的学习提供良好的教学环境与教学体验。

6. 丰富教育资源

随着现代教学手段的发展，特别是多媒体技术、通信技术、网络技术等信息技术在教学中的应用，教师不再是唯一的教学信息来源，学生通过多渠道获得信息和知识，扩展了学生的知识信息来源。

以多媒体教学技术为例，多媒体教学可以实现文字、数据、图形、语言、视频等教学信息的统一处理，可令教学内容更加生动、形象，从而调动学习者的多种感官参与学习，在更短的时间内向学习者传递更多、更立体化的教学信息，提高教学信息的传递效率，实现教学信息资源的高效利用。

7. 扩大教育规模

信息技术能扩大教育规模，加速教育事业的发展。从当前我国的教育现状来看，国家正在实施科教兴国战略，充分利用现代教育技术，如广播电视网络（包括卫星电视、有线电视）、计算机网络、邮电通信网络等，开展各种远程教育，可使更多的偏远地区的学生受益，客观方面大大地节省了师资、校舍和设备资源，并有效促进了教学规模的扩大。

（五）大学英语信息化教育的目标

1. 激发学生的问题意识

人从出生就具有了求知欲和好奇心，这是人能够自由、理性的基础，表现在学习态度与兴趣上，就是人能够积极地去探索与解决问题，不断创新、不断超越。学生学会学习的最佳路径就是逐渐学会自发式的学习，即教师引导学生发现问题，并让学生找到合适的方式解决问题，师生之间围绕问题展开自主学习与探究学习，使学习活动向思维活动转变，这样才能让学生具备多元思维。

在信息技术教育背景下的高校英语教学中，要强调问题引领的作用，即教师要以问题为起点，以问题解决作为主要的活动过程，从而将学生对问题的敏感性激发出来。同时，教师要主要探讨那些与现实联系紧密的问题，对这一领域的学术前沿问题进行跟踪和了解，将学生潜在的能力挖掘出来，培养学生的研究精神与素质，使其形成面对困难的积极潜质与解决问题的能力，并塑造自己的人格与工作特质。此外，还要求教师为学生创设自由的学习氛围，师生之间围绕提出的问题，通过交流与对话解决问题，并进行分析与评价，帮助学生形成问题意识、培养问题解决能力，提高他们判断真假、独立思考的能力等。

2. 转变学生学习的方式

学习方式是学生在展开学习任务时自主、探究的基本认知取向与行为特征，其主要包括发现学习、接受学习、合作学习等。在新时代背景下，高校选择的教学方法一般是多种多样的，具有针对性与灵活性，将极大地推动学生学习方式的转变，因此，教学应该从学生的学习能力出发，符合学生的学习要求，这样才能培养出符合社会发展需要的应用型人才。具体来说，主要可以从如下四点考虑。

（1）倡导自主探究式学习，让学生自定节奏。具体来说，就是在学习中要发挥学生自身的主观能动性，教师要引导学生大胆地接受挑战，挑战传统的识记式学习方式，推动他们灵活地转换学习方式，在创造与研究中学习，让学生真正地学会学习，成为学习活动的主人。

（2）推动学生走向团队合作式学习，单打独斗的学习自然效果差，学生只有学会与其他同学合作、与教师合作，才能真正地弄懂知识，掌握技能。

（3）实施应用情境式教学，即关注学生在特定情境中的认知体验，通过新兴技术，为学生创设真实的场景，让学生主动参与其中，提升他们的认知能力。

（4）关注学生的在线学习与移动学习。由于网络技术的发展，学生的学习资源越来越丰富，这就给他们的学习提供了便利，学生可以打破时空的限制，获得教师或者其他同学甚至一些专家学者的帮助，从而在课外不断提升自身的语言能力。

3. 促进学生的深度学习

所谓深度学习，即学生在理解的基础上，能够批判性地学习新知识，并将这些知识融入他们原有的知识结构中，建构这些新旧知识的联系，并且能够将已有的知识迁移到新的情境中，从而独立地解决问题。采用深度学习策略的学生要更善于整合知识、迁移知识，这样才能取得好的成绩。

当前，高校应该努力为学生创设深度学习情境下的课堂环境，不仅让课堂成为学生知识深度加工的重要场所，而且要将原来教师单向传授的教学过程转变为师生互动的过程，创设真实的、批判性的课堂环境，还要围绕问题的解决探究深度学习的情境机制，让学生逐渐实现知识的吸收与内化，从而有效培养他们的理性思维与创新思维。

4. 强调学生学习的责任

当前，要想培养出具备应用型能力的人才，就需要培养学生在具体的实践中发挥自身的主体作用。也就是说，要培养学生能够主动为自己的学习行为承担责任，让学生逐渐成为自己学习的主人，成为教学活动中主动的、自觉的参与者，成为知识主动的发现者与探索者，推动教学从“教”逐渐转向“学”，课堂上不再仅仅强调以教师的教授为主，还强调以学生的学习为主，实现师生之间协同的教与学。

这就是说，在信息技术教育背景下的高校英语教学中，不仅要将学生的积极性与主动性激发出来，还要引导学生将精力、时间等投入到学习之中，帮助学生减少学习的盲目性与随意性，逐渐建构自主式、探究式的学习。同时，要给予学生应有的权利，赋予他们自主学习的权利，自主选择学习内容与策略，让他们不断发挥自己的主观能动性，发挥自己的学习优势。

5. 培养学生的核心素养

人应该必备的能力与品质就在于核心素养。“核心素养”一词源自西方，英文是 Key Competencies。Key 在英语中的意思是“关键的、必不可少的”的含义。Competencies 的意思是“能力”，但是从其范畴与内容来说，可以翻译为“素养”。因此，“核心素养”也就是所谓的“关键素养”。

进入 21 世纪，欧盟国家为了应对经济全球化的发展，在教育领域提出了“核心素养”这一概念，目的是培养学生的创新能力，这一概念的提出是为了对传统的以阅读、计算等为核心的素养概念进行改变，从而提升学生的综合应用能力。

2014 年 3 月，教育部发布了《关于全面深化课程改革落实立德树人根本任务的意见》，提出英语教学应该将社会主义核心价值观的内容引入教材与课堂，努力使学生了解中华文化，明确提出了“核心素养”的概念。

核心素养的提出主要包含如下四个层面。

（1）未来个人发展与社会生活需要的能力与品格是无法预料的，个人在受教育阶段唯一能够选择的是对自己的必备品格与关键能力进行发展。

（2）知识是以几何级数增长的，能力以几何级数进行分化，学校教育无法对知识和能力进行穷尽。

（3）社会生活纷繁复杂，价值取向也是多元化的，学校教育无法面对社会上所有的问题。

（4）学校教育应该专注于对学生必备品格与关键能力的培养。

在语言教学中，核心素养主要包含如下几点内容。

（1）语言能力。语言能力是指基于社会情境，通过语言来进行理解与表达的能力。从英语技能教学来说，语言能力是学生应该具备的基本能力，也是学生核心素养的体现。从语言学科来说，听、说、读、写、译这五项能力是最基本的语言能力，掌握好这些能力才能更好地学好语言。同时，新时代条件下学生面临各种数据、图表等，因此他们还需要掌握好“看”的技能，这样才能对一手资料有清楚的把握。

（2）文化品格。文化品格不仅指了解一种情感态度、文化现象，还指了解语篇反映的社会文化现象，通过进行归纳来构建自己的文化立场与文化态度。

语言教学的核心素养更加注重从多元文化层面来思考，通过比较了解中西方文化的差异，这样学生才能更加自信与自强，从而对西方文化予以理解，并将中华文化更好地传播出去。

（3）思维品质。思维品质与一般的语言能力、思维能力不同，指的是与英语技能学习相关的一些思维品质。在核心素养中，这一品质与学生更为贴近，学生思维品质的提升与优化也是“立德树人”的彰显与表现，与高校英语教学改革的目标相符合。

总之，学生的生存与发展需要多种素养，但是在21世纪的挑战下，这些素养并不是所有都并重的，也就是需要对这些素养按重要程度进行排列。其中创新能力、合作能力、信息素养等是优先的素养，这些应该排在最前列，因为这些素养是学生应对挑战、为国做贡献的关键。这就是所谓的核心素养。其他的一些素养如身体素质，对个人来说是非常重要的，但是由于太基础，所以可以将其视作基础素养。另外，传统的读、写、算也可以算作基础素养。

在全球化背景下，各国关于学生核心素养的范畴界定存在着某些共性。就全球范围来说，一些国家、国际组织等在核心素养指标的选取上，都反映了该国家、该地区、该组织的经济发展情况，并强调信息素养、创新能力、社会贡献、国际视野等素养是非常关键的层面。但是受国情的影响，各国所面临的关键问题存在差异，因此核心素养的内容与程度也会存在着某些不同。

6. 增强学生的学习体验

个体的发展具有特殊性，因此教学需要在尊重学生个体差异性的基础上，对学生的学习体验予以关注，努力为学生创造更多锻炼的机会，激发他们学习的内部驱动力，发挥他们对知识的探索精神。当前，很多高校的评价强调甄别与选拔，对评价的激励与促进功能予以忽视，往往对结果过分看重，对学习过程予以忽视，这样的评价就导致个别优秀的学生得到了愉快的体验，但是那些成绩差的学生失去了学习的兴趣，很难培养出健康的情感体验。

在具体的教学过程中，高校教师应该努力让学生们用感官去实践、去体验、去解决问题，与社会实践相联系，研究教学方法是否符合学生的需要，采用多种技巧和方法展开教学，增强学生的学习体验，脱离传统课堂的弊端，不被教材与大纲等约束，让学生广泛地参与到课堂之中，实现师生之间、生生之间的互动，这样才能让他们学会思考、学会辨析、学会研究，进而发现课堂的魅力。另外，教师还需要注重选择科学的评价方式，让学生更好地体会到成长的快乐，享受学习的快乐，帮助学生正确地认识自己，激发他们学习的动力和积极性。

第二节　数字时代给英语翻译教学带来的巨大变化

一、大数据给英语翻译教学带来的影响

（一）与传统课堂的碰撞与对接

1. 与传统课堂的碰撞

大数据驱动下的大学英语课堂与传统课堂的碰撞主要体现在教育理念上，因为当前的教育仍旧难以摆脱“应试教育”的枷锁，但同时大数据驱动下的英语翻译教学要求革除传统教育理念、教学方法上的弊端。下面就对这两点做具体论述。

（1）难以摆脱“应试教育”的枷锁。众所周知，在大数据背景下，传统的教学模式已经与当今的课堂不相适应，但是毕业、就业压力使当前的英语翻译教学仍旧未脱离“应试教育”的枷锁。当前的英语翻译教学要求学生要学会自主探究、自主预习、自主总结，同时培养自身学习的习惯与思维，要在教师的指导下体验概念与规律的探究过程，并在学习中培养求知精神。但现实是，在大学英语课堂教学中，很多教师主要侧重于讲授，对学生进行满堂灌式的教学，未能顾及每一位学生的感受与接受情况，使学生的主体地位丧失。也就是说，当前的大学英语课堂教学中，教师的教学思想还未发生根本改变。

很多家长对学生的考试成绩过分看重，却忽视学生整体素质的提升，教师也未考虑学生的全面发展与终身发展，一味地追求成绩，导致课堂教学主要以知识传授为主，教学过于机械化，搞题海战术，这就很容易让学生丧失探究能力与解决问题的能力。因此，如果不对传统教学观念与方式进行改变，包含信息化时代下的英语翻译教学在内的任何教学形式都很难进行到底，教学大纲的要求也就很

难实现了。

（2）大数据的运用要求革除传统教学理念、教学方法上的弊端。由于应试教育理念的存在，很多大学英语教师在教学理念与方法上存在着某些问题，这对他们自身的专业发展是非常不利的，也会影响学生的全面发展。具体来说，这些问题和弊端表现如下。

首先，教师将教学视作教学目的实现的一种方式和手段。教学是传输知识的过程，因此教师只关心对教学手段的研究，而并未探究教学的目的何在。

其次，教师认为教学是教师教与学生学的拼接，教师将书本的知识教授给学生，学生被动地接受，这如同将知识灌输给学生一般，学生只是接受知识的容器。

最后，教师在教学中忽视了学生主观能动性的发挥，缺乏与学生的互动，也缺乏让学生与其他学生进行的互动。

基于此，传统的教学模式下的教学阻碍了学生人格的全面发展，使得学生成为应试的机器，这样的教学与教学目的相背离。

大数据驱动下的英语翻译教学要求教师对教育观念进行改变，这是必须要解决的首要问题。这种教学模式需要教师具备一定的信息素养，这样才能做得更好。可见，大数据驱动下的英语翻译教学要求教师具备较高的素质与能力，要不断地在知识的海洋中充实自我，不断地发挥自身的气场对课堂的节奏与进度加以控制，要以宽广的视野来引导学生探索更大的世界。

2. 与传统课堂的对接

虽然传统课堂教学有着明显的弊端，大数据驱动下的英语翻译教学的优势已凸显出来，但并不是说要完全舍弃传统课堂，而是要追求二者的完美对接。具体而言，主要从如下几点着手。

（1）学校作息时间安排问题。大数据驱动下的英语翻译教学需要学生花费很多的课后时间展开自主学习，要求教师在教学时间上进行合理安排，教师不应该占用学生过多课余时间，应该让他们能够有时间展开自主学习。学生在课后的主要任务就是观看教学视频，进行针对性练习。

（2）学科适用性问题。目前，国外的很多信息技术与英语翻译教学结合的实践都是针对理科来说的，且理科具有明确的知识点、概念等，教师只需要讲好一个公式、一个例题就可以，因此容易实施这一模式。但是，对文科来说，其讲授的内容比较广泛，需要师生之间展开思想、情感上的交流与沟通，因此对文科类教师是一个大的挑战。这就要求教师在线上英语教学中要不断提升教学视频的质量，通过教学视频，对所要简述的知识点进行概括，对相关的理论加以阐述，让学生在课后查阅相关的资料，并进行主动思考，然后在课堂上与教师或其他学生进行讨论，直至深化对该问题的理解。因此，对不同的学科，教师需要采用不同的具体策略来实现信息技术与英语翻译教学的完美结合，并从学生的反馈情况入手，对相应的教学情况加以改革。

（3）教学过程中信息技术的支持。大数据驱动下的英语翻译教学的实施必然需要信息技术的支持，教师对教学视频的制作、学生对教学视频的学习等，都需要信息技术的参与。但是当前，网络宽带、速度等问题对我国各大高校开展在线教学产生了一定的限制，因此在实施信息化时代下的英语翻译教学时，学校需要解决相应问题。同样，在教学视频制作的质量上，教师的拍摄、剪辑等流程需要一些专业人士的辅助，当然不同的学科有不同的风格，教师需要根据自身学科的特点来定。

（4）对教师专业能力的挑战。在大数据驱动下的英语翻译教学的实施过程中，教学视频的制作、对学生的互动指导、课前学习任务设计等都需要教师完成，因此要加强对教师的培训。在提升教师专业理论水平的基础上，要不断提升他们的科研能力，对学生的个体差异进行关注，并给予个性化指导。同时，也要培训教师的技术，便于他们制作出生动活泼、丰富的视频。

（二）对大学英语课程资源的影响

大数据技术的发展与应用，推动了优秀学习资源的共享，学校、公益组织、个人都参与到教学资源共享的过程中来。当前，通过信息化技术的共享，英语翻译教学课程资源主要有以下几类。

（1）CORE。CORE是指中国开放式教育资源协会，致力于中国优质教育资源的世界推广。CORE充分借鉴与吸收了美国麻省理工学院、耶鲁大学、牛津大学、剑桥大学等世界一流大学的优秀开放式课件、先进教学技术、教学手段，通过教育创新，不断提高我国的教育质量，并将我国学校优质的教育资源向全世界推广，实现优质教学资源的积极交流与共享。

（2）OOPS。即开放式课程计划，是将国外一流大学的开放课程翻译并制作成中文课程，面向我国的师生授课，使我国师生更好地享受到优质的教学课程。

（3） OCW。OCW是Open Course Ware的简写，是世界优秀学校教育资源的全球共享，这些学校将本校开设的全部课程的教学资料与课件在网上公布，以便全世界范围内有需要的人下载参考学习。

（4）网易公开课。网易公开课通过视频形式免费分享国内外著名学校的公开课程，如OCW翻译成为中文的课程。

当前，信息技术在大学英语课堂教学中的应用越来越普遍，这些技术的应用对教学过程、教学方法和手段均产生了深刻影响。课程资源的共享是新时期信息化教学带来的一个最显著的教育教学改变。

为了推广和普及信息化教学，我国开通了“校校通工程”，使全国90%左右的独立建制的中小学校能够上网，共享网上教育资源，在提高中小学学科教学质量的同时，为教师的再教育创造了条件。

在网络信息时代，个人、教育机构、学校与外界进行不同层次的信息沟通、信息获取、信息共享、信息利用，实现信息技术与教学的有效整合，既促进了教学的发展，也促进了教师与学生的发展。

（三）对大学英语教师的影响

大数据技术的广泛应用对大学英语教师有巨大的影响，具体表现如下。

（1）大数据技术对大学英语教师的最大影响在于学生获取知识途径更加多样化了，大学英语教师不再是学生知识的唯一来源。

（2）新时期，新的媒体和技术的应用给教学观念、方式和手段也带来了极大的冲击，对大学英语教师的教学过程影响显著。

（3）大数据技术在英语翻译教学中的应用对教师素质能力的提升有重要作用。将大数据技术融入课堂中，可以优化教学方法、提高教学效率。但是，由于学生选择学习的时间、内容等具有了灵活性和自由度，可能会导致学习的失控。就传播学的理论来说，大学英语教师不仅是教育信息的传播者，更是把关人，因此应该考虑实际情况，对信息有针对性地选择，科学调配教学过程。

（四）对大学生自身的影响

大数据技术的教学应用对大学生的影响分析如下。

（1）大学生是大数据技术发展的最大受益者。大数据技术提供的个别化、网络化的学习方式，可以使大学生根据自己的特点和水平选择合适的学习进度，在轻松的环境中学习，实现真正的“教育平等”。

（2）大数据技术的应用改变了大学生获取信息的途径，改变了大学生的基本听、说、读、写的方式，学习者具备了更加自由化、多样化的表达方式。

（3）信息社会，任何一名学习者都必须具备一定的信息素养，具备独立的终身学习能力。大数据技术不仅对教师的教学能力有较高要求，对大学生的自主学习能力也有较高的要求，要求大学生具备信息社会要求的观念、意识和现代教育技术能力。

此外，大数据技术发展对教学的影响不仅局限于上述几个方面，大数据技术发展推动了教育现代化发展，推动了教育教学的改革，现代化的教育教学是以培养创造型人才为目标的新型现代教育体系。信息的发展通过信息技术影响教学，不仅体现在教学物质基础、教师与学生“教”与“学”的影响方面，还间接促进了教育思想现代化、教育内容现代化、教育管理现代化。

二、大数据给英语翻译教学带来了挑战

（一）对高校英语教师的信息素质提出了更高的要求

大数据技术发展对教师对于教学信息的加工、传播、反馈与收集能力提出了一定的要求。新时期，大学英语教师要适应大数据技术并将其合理应用于英语翻译教学，就必须掌握一定的信息技术知识，并具备现代信息的加工、处理能力。具体分析如下。

大数据时代对整个社会有着很大的影响，使人民的生产、生活、学习等产生了较大的改变。在教育层面，也逐渐改变了大学英语教师的角色，传统教学中的教师是教学内容的唯一提供者，但是在信息化时代下，学生除了从教师那里获取知识，还可以通过很多渠道获取知识，大学英语教师的角色也发生了改变，成了引导者、辅导者、指导者。

大数据驱动下的英语翻译教学对教师提出了更高的要求。具体来说，教师不再仅仅扮演知识的传授者的角色，其扮演的角色更加多元化。因此，英语翻译教学与大数据技术的融合还要求教师不断提升自己的专业化水平，促进自身的专业化发展，从而适应信息时代对大学英语教师的要求。

随着大数据技术融入大学英语课堂教学，学生的学习与大学英语教师的教学都发生了革命式的变革，新兴的课堂教学环境即互联网技术教学环境得以产生，大数据驱动下的教师角色一部分是基于传统教师角色中的“传道、授业、解惑”者，应积极汲取传统教师角色中的优点，认真履行知识的传授者角色职责，同时应看

到传统教师角色已不适应教育信息化的发展，如管理者、灌输者等角色的局限，应实现自我角色的转变，处理好传统角色中的教师角色延续，并重视“互联网+教育”下教师角色的转换，不断提升自身的信息素质。

（二）对学生的独立学习、全面发展提出了更高的要求

学生是教学的对象，教师的一切决策都要围绕学生开展，教师应充分考虑学生群体和学生个体的身心特点与学习、发展需要。教师应关心和尊重学生，为引导学生积极参与教学创设良好环境与情景。

在大数据时代背景下，教学活动中学生的主体性地位发生了变化，主要表现在以下几个方面。

（1）对教育对象的自主选择权。学生对教师教学的影响并非无条件地接受，这就要求教师的教学尽量适应学生的发展需求，学生有根据主体意识，积极地或消极地进行选择的权利。

（2）对教学内容的自主选择性。学生主动参与教学内容的选择是当代教学思想所提倡的，学生选择教学内容是学生自主性中最活跃的因素。当然，必须强调的是，学生的选择是在课程专家根据社会和教育目标所做的初步筛选后进行，并且是在教学目标的框架内参与一部分教学内容选择。

（3）参与教学活动的积极性和主动性。学生学习活动的主动性、自觉性是学生学习主体性的本质体现，教师的教学活动要建立在学生对学习的自觉的、主动的、自我追求的基础上。学生在学习过程中能积极地参与教学活动，并能以自己已有的知识经验、认知结构主动地认识、理解、吸收新知识。

（三）对信息技术下师生的有效互动提出了要求

在大数据技术出现之前，教师与学生交流沟通的场所主要是教室、操场、学校活动中心。

在教室内上课过程中，教师与学生之间首先要完成本次课的教学任务，然后才能进行课程外学习内容的交流，因此，师生在教室的交流是十分有限的，主要是教师在讲，学生在听，一节课下来，师生之间的交流与互动往往仅仅有几个点名提问，并没有师生探索、讨论互动。很多教师在完成教学工作后忙于其他事情（如科研），也没有时间与学生交流，师生交流缺乏主动性。

课堂之外，学校教师在学校除了日常教学还有很多其他工作，学生的校园生活也十分丰富，由于师生的教与学的任务不同，在不同的时间段，他们需要分别在不同的空间场所内开展教与学的工作，这就使得师生课堂关系更难以在课外继续保持联系。

课上的交流有限，在课外，教师与学生之间的交流更是少之又少，调查发现，很多学生在课外时间难以接触到教师，即便有交流机会，也是“不怎么愉快”的“被动交流”。上述情况充分表明了学校师生存在着交流障碍，这些障碍有主观和客观原因，有教学安排的局限性，也受制于教育技术所限，教师与学生在课外缺乏沟通与交流的平台。

大数据技术的发展和教学应用，为师生之间更加频繁的交流提供了技术支持，教师与学生可以通过QQ、微信、校园网、教学App等渠道实现随时随地的线上交流，但是，由于线上网络课程教学中，师生不是面对面的，学生在教学中对教学内容的投入状态、对教师的回应在很大程度上靠自觉，因此，教师很难像在真实课堂教学中那样监督学生，也不能给学生形成一种紧张、专注、融洽的课堂环境氛围，因此，很多学生在线上课程的学习中都处于沉默、“潜水”状态。

大数据驱动下的大学英语课程教学中，学生的“线上沉默”有一部分原因是课堂时空环境和氛围，此外，与教学内容难易程度、教学内容呈现方式、教师的线上互动方式等有密切的关系。

第三节 数字时代下英语翻译教学的优势

一、提高教师工作效率

计算机作为一种辅助工具，可以不断提高教师的效率，如设计教案、录入成绩、查询资源等。

在英语翻译教学中，教师可以通过服务器对自己备课的内容进行讲解，并对学生的学习状态进行实时的观察，之后可以进行测评，检验学生的学习情况。

在作业批改上，一些客观题可以通过计算机来操作，主观题在学生作答之后，教师可以通过相关软件来进行批改。这样就大大地提升了教师的工作效率，使其有更多精力置于讲解与研究层面。

二、发挥学生主体作用

英语翻译教学与大数据技术的融合可以将学生的主体地位凸显出来，学生可以从自身的需要出发，选择自己的上课时间，采用恰当的方法调控自己的学习进度。当学生在学习中遇到问题时，他们也会调整自己的学习速度，随时对问题进行解决与补充，从而不断加深自己对知识的掌握。当学生在学习中感到非常容易时，他们会提升自己的学习速度，这样便于掌握更多的知识。

在这一过程中，学生能够正视自己的不足，巩固自己的语言知识，便于自身形成良好的学习习惯。同时，无论学生处于何处、何时，他们都可以运用各种教材与课件来查询、访问或者下载，这样帮助他们进行针对性的学习。当然，如果学生在学习中遇到问题，他们可以发送邮件与教师进行沟通，让教师为他们答疑解惑。因此，信息技术使学生清楚地了解自己的学习情况，发挥自己学习的积极性，促进自己的学习进步。

英语翻译教学本身是一门能力课，如果仅仅学习理论显然达不到成效，还需要通过锻炼，将理论付诸实践。在传统的英语翻译教学中，很多学生因为害怕或者自信心不足，不愿意在公共场合开口讲英语，在课堂上也不愿意回答问题，显得非常焦虑，这样的情况非常常见。但是，在大数据驱动下的英语翻译教学中，学生不用担心这一问题，因为他们不是面对面的，学生的焦虑不断得到缓解，从而愿意回答问题与解决问题。

另外，大数据技术在英语翻译教学中的运用，为学生提供了一种交互式的学习环境，其中实现了文字与图片、动与静的结合，因此显得更为逼真，学生的学习也具有趣味性。

三、提供丰富资源信息

在大数据驱动下的英语翻译教学中，教师应该考虑学生的基本情况，对各种资源进行调用，进而制作成课件，并与学生学习的需求与风格相符。教师需要在网上搜索相关资料，不断丰富教学内容。

此外，由于国际信息技术的通用语言为英语，因此在网上存储着应有尽有的多媒体形式的资源，有专门的教学资源，有实时性极强的报刊资源，这些资源都为学生提供了原汁原味的资料。

第四节　数字时代下英语翻译教学的属性

关于英语翻译教学的学科属性，长期以来存在着不同的观点，并未形成一个统一的见解。根据新观点，英语翻译教学是以语言学、心理学等学科为基础建构起来的一门新兴学科。

就我国的英语翻译教学来说，英语翻译教学在语言学研究中并不属于一门独立的学科，而是置于应用语言学科之下。

由于英语翻译教学属于一门综合学科，跨度非常大，这就给其属性的探讨和研究带来了难度，这也是英语翻译教学这门学科地位至今未确定的主要原因。

事实上，英语翻译教学除了与语言学、心理学等学科有着紧密的联系，还涉及一些系统的领域，如教师与学生、知识与技能、德育与智育等。

现如今，在大数据驱动下，英语翻译教学需要拓宽自己的范畴，探索教育与技术更为广阔的空间。换句话说，英语翻译教学不仅需要对语言学进行研究，如对语言特征进行描述、对语言功能加以分析与解释等，还需要对包括本族语在内的整个社会大系统的多个学科领域进行研究，这是因为语言系统对英语翻译教学的作用仅仅限制在语言形式与内容上，而英语的运用则需要语言符号与文化的双重转换。可见，在大数据背景下，也是如此。

根据上述分析可知，大学英语教育不仅是一门应用语言学科，语言学也不是英语翻译教学的唯一归属学科。在大数据驱动下，英语翻译教学的目标不仅是将语言视作一种符号来教授词汇、语法、语义等，还应该将语言视作一种交际工具，从功能、意念等多个层面实现人与人的交互；或者将语言视作一种生理机制，将语言认知与习惯视作教学目标，教学采取英汉对比的形式展开；或者将语言视作思维工具与文化载体，通过英语这门语言的学习，对另外一种文化进行观察与分析，掌握另外一种文化中人们的思维方式与价值观，从而更好地融入这种文化之中，顺利完成交际。

第五章　数字时代英语翻译教学有效方法及实践

第一节　翻转课堂在翻译教学中的应用

翻转课堂模式在大学英语翻译教学中的应用，颠覆了传统的教师和学生在课堂中的地位，增加了学生之间以及教师同学生之间的互动，促进了师生间的交流，具有很强的现实意义。在这种教学模式下，课前知识的讲授能够有效地解决课堂教学时限的问题，可以拓展教学时间，同时能够让学生有充足的思考时间。课堂上探究合作式的学习模式能有效提高学生的沟通、表达能力，也有利于其思辨思维的培养。课后知识的巩固与拓展可以帮助学生及时消化课堂教学内容，为下一阶段的学习做好准备。翻转课堂模式在大学英语翻译教学中的应用是一种有意义的尝试和探索，这种教学模式改变了英语翻译课传统的授课方式，对教师和学生的角色进行了翻转，促进了师生间的交流，从而使学生学习的积极性、主动性、创造性和独立性得到了更好的发挥，培养了学生自主学习的能力。除此之外，这种翻转课堂的模式也提高了英语翻译的教学质量、增强了教学效果，有效提升了学生的实际翻译能力，使学生能够满足社会工作的需求。

一、翻转课堂简述

翻转课堂，又称“颠倒课堂”，是指在信息化环境中，课程教师提供以教学视频为主要形式的学习资源，学生在上课前完成对教学视频等学习资源的观看和学习，师生在课堂上一起完成作业答疑、协作探究和互动交流等活动的一种新型教学模式。从国内外学者对翻转课堂的解读发现，其内涵体现在宏观和微观两个角度。宏观角度界定了翻转课堂的理论内涵——翻转课堂是知识传授和知识内化的翻转；微观角度界定了翻转课堂的过程内涵——翻转课堂是学生课前学习教师制作的视频、课堂上教师答疑、师生互动交流、学生完成作业的一种教学模式。

“翻转课堂”起源于美国科罗拉多州落基山的林地公园高中。2007 年春，该校化学教师乔纳森·伯尔曼和亚伦·萨姆斯为解决学生因为天气或路途遥远等原因不能按时到校上课而落下很多课程，以致跟不上教师上课步调的问题，开始使用录屏软件录制 PowerPoint 演示文稿的操作过程以及教师讲课的声音，并将视频上传到网络，借此帮助不能按时上课的学生。而真正引起国内教育研究者关注翻转课堂的原因，则是 2011 年可汗学院发起人萨尔曼 • 可汗在 TED 大会（美国知名演讲品牌）上的作一个题为“用视频重塑教育”的演讲。演讲中提到，他上传到 Youtube 上的很多免费教学视频深受学生和家长的喜欢，这些教学视频在几个实验学校使用的教学效果也很好。受此启发，许多教师尝试改变以前的课堂教学模式，要求学生在家看视频以代替教师的课堂讲解，然后在课堂上把精力集中在完成练习以及与教师和同学的互动交流上。这种做法颠倒了传统学校“课上教师讲授、课后学生完成作业”的教学安排，这就是日渐兴起的翻转课堂。

二、翻转课堂带来的变化

（一）教师与学生地位的变化

翻转课堂给学生与教师关系带来了颠覆性变化。在传统课堂中，教师占据课堂的主体地位，学生在教师的讲解下亦步亦趋。而在翻转课堂中，教师不再是承担教学主体的授课者，而是成为指导学生学习的引导者，甚至可以作为学习成员。在这样的教学模式下，学生真正成为主体，老师不再一直讲解，更多的是学生自己进行学习、探究，让课堂回归学生。

（二）教学形式与内容的变化

在传统课堂中，教师在课堂上讲解具体知识，然后布置课后作业，使学生进一步理解巩固课堂内容。实施翻转课堂后，学习的过程提到了课前，而课堂则成为探究的时间，属于教师答疑解惑的过程，教学形式发生了很大变化，学生自主学习的能力得到了很好的锻炼和培养。实施翻转课堂后，课堂上问题探究和答疑解惑的过程取代了教师对知识进行讲授的过程，老师在课堂上不再具体地讲授课程，而只是对学生的表现进行点评，对学生难以理解的地方答疑解惑，实现了教学内容的变化。

（三）课程考核方式的变化

传统课程的考核方式通常是进行考试，方式单一，考核结果也比较片面，无法全面考核学生的整体学习效果。这种将一切考核都放在最后进行的模式，往往导致学生在临近考试的时候才开始投入学习，既不利于学生在学习过程中的投入，也不利于教师对学生在学习过程中学习成果的检验和反馈。而翻转课堂可以呈现多种考核方式，将考核分散在学生的整个学习过程中，从而可以多方面考查学生的学习成果，包括学生的基本翻译能力、组织能力和批判思维能力，考核结果更加全面。

三、实施翻转课堂的可行性

（一）实施翻转课堂有很强的现实意义

翻转课堂采用先学后教的教学模式，让学生利用信息技术设备在上课前进行知识的自主学习，而把课程知识的应用与探究放在课堂上。学生在课前学习时，对课件或教学视频中的难点可以反复观看进行理解，有疑问的地方可以记录下来在课堂上向老师提出，或者直接在网上向教师提问，从而让教师有针对性地备课。课堂上，教师除了对难点进行答疑解惑，也会组织学生进行知识分享和小组讨论等互动活动，增加了师生间的沟通，也提升了学生在课堂中的参与度，促进了英语教学效果的增强。

（二）翻转课堂符合英语翻译教学的特点

英语翻译课程具有很强的实践性，学生只有在大量实践中才能逐渐积累翻译的技巧和经验，提高翻译能力。而如果仅靠课堂上短暂的教学时间，很难促进学生翻译能力的提升。目前的翻译教学主要教授具体的翻译技巧和应对具体问题的具体翻译方案，在教学方式上仍然保持着传统课堂中的直线型教学模式，完全是以教师为中心的。这种教学模式往往导致学生的综合知识存在局限，而且翻译的实践也通常会受到教学上翻译积累的限制，缺乏面向市场服务的翻译意识。在实施翻转课堂后，教师可以利用课堂时间组织学生进行英语的表达和互动活动，学生可以获得大量翻译实践的机会，从而逐渐积累翻译的技巧和经验，提高翻译能力。因此，实施翻转课堂的教学模式符合英语翻译教学的特点。

（三）教学环境可以达到实施翻转课堂的条件

随着信息技术的发展和普及，目前绝大多数高校的教室都有无线网络，学校内普遍配有计算机实验室，智能手机和笔记本电脑等上网设备也已经在学生中得到普及，目前的教学环境已基本达到实施翻转课堂的要求。同时，随着信息技术的迅速发展，网络英语教学资源也会更加丰富，学生课前除了学习教师录制的微课程，还可以访问英文学习网站、阅读英文小说或者观看英文电影作为补充材料，极大地丰富了教学内容。随着时代的发展，英语翻译教学也必须做出改变，去努力接收各种新知识的融入，而翻转课堂的教学模式给英语翻译教学增加了新的教学媒介和信息来源。

（一）课前准备工作要充分

1. 教师制作视频

教师在课前要做好视频，提供素材。一般来说，视频可以通过两个渠道收集：

一个是网上现有的资源材料，这个通常不太适合；另一个是教师根据学生的特点、本课程的性质以及教学目标要求来自制教学视频，视频时间不宜太长，10 分钟左右较为合适，这样便于学生集中注意力，引发学生主动学习和思考。

2. 学生观看视频

学生看视频不受时间和地点的限制，看累了还可以休息一下再继续看。学生可以一边看一边做好笔记，把重点、难点或自己不懂的地方写下来，以便在课堂上与同学和老师进行讨论与交流。

3. 课前练习及师生交流

学生看完视频后，要完成教师提前布置的作业，如果在做作业的过程中遇到了疑难问题，可以通过社交媒体（即聊天室或留言板）与同学或老师进行同伴交流或师生交流，从而激发学习兴趣、提高学习积极性。

（二）课堂设计应充分调动学生的积极性

在进行课堂活动设计时，可以依据建构主义学习理论，充分发挥学生学习的积极性和主动性，从而实现知识的内化。

1. 确定问题

在翻转课堂教学活动中，学生在课前观看视频中遇到的疑问、在所做的练习中遇到的疑难问题，以及在课前通过远程与同学进行讨论后还没有解决的问题，都可以在课堂上提出来，师生再共同进行研讨。另外，老师觉得是难点、重点的问题也可以提出来进行讨论。

2. 解决问题

针对在翻转课堂上提出的翻译问题，学生可以自由选择自己感兴趣的或比较了解的问题进行独立探索，不断培养独立意识和自主学习的能力。翻转课堂即反转课堂，也就是从传统的学生被动接受知识和答案转变为学生主动独立思考和解决问题，从而让学生在独立学习的过程中达到知识内化和知识体系的构建。在笔者的翻译课上，每位学生先是通过提问确定问题，然后在课堂上进行师生和生生之间的讨论，最终疑难问题得以解决，学生由此对知识进行了重新构建，培养和提高了自己独立自主的学习能力。

3. 探究活动

教师要组织学生对课堂上提出的相关翻译问题进行探究活动，把学生分成若干组，每组 2~5 人，并且每组确定一位组长，针对提出的问题进行探究式研讨，每组成员都必须积极参与其中，通过小组讨论与交流来完成学习任务。在翻转课堂的问题探究活动中，教师要随时注意学生的探究动态并及时进行指导。

4. 交流成果

针对共同提出的翻译问题，学生经过独立思考、集体探究后，将小组讨论的最终结果通过多种形式（成果演示、小型比赛、辩论会或报告会）进行成果展示与交流，以分享学习的收获。

5. 评价与反馈

翻转课堂上的反馈和评价与传统课堂有很大不同。传统课堂上一般是老师给予评价，而翻转课堂上除了教师外，专家、学者、学生都可以参与其中，这就体现了翻转课堂反馈评价体系的多维度，并且评价方式也是多元化的：定量评价和定性评价；个人评价与小组评价；形成性评价与终结性评价；自我评价与他人评价。通过多维度、多方式的反馈评价结果，教师适时调整并最终确定下一节翻译课的教学计划。

（三）重视课后总结与反思

翻转课堂教学模式主要由课前和课上两部分构成，但是课后的总结与反思也是很重要的。教师和学生都需要对课堂上的问题进行总结与反思，然后传到网络平台，供师生之间互相讨论。这些经过整理的资料也可以长期保存下来，以备学生查阅，没有参加课堂讨论的学生也可以课后补救学习。因此，课前、课上、课后三部分是互相补充、互为一体的。

五、实施翻转课堂的对策

（一）教师教学技能的提升

实施翻转课堂对教师的教学技能有着更高的要求。一方面，教师需要改变传统的教学观念，以适应翻转课堂带来的角色变化。另一方面，教师要能够熟练地运用信息技术手段，制作各种微课并进行上传，并且能通过网络与学生进行沟通。教师需要结合自身的英语翻译教学实践，将授课内容进行模块式的切分，从而形成翻译基础理论、翻译数据库、翻译技巧等一系列知识点，然后通过录屏软件以及其他多媒体制作软件，将原有课程的知识性内容录制成比较简短的微课，交给学生进行课前自主学习。结合微课，教师可以布置课堂内着重讨论和分析的案例。对教师而言，作为翻译理论与实践课的教授者，不仅需要缜密思考到底哪些内容可以用于微课教学的制作，还需要考虑这些教学内容应采取什么样的形式来呈现。那么什么样的微课能吸引学生的兴趣呢？可以说，制作微课是一种技术，而设计微课却是一种艺术。翻转课堂模式在大学英语翻译教学中的应用需要教师努力提升教学技能，同时提高微课的制作和处理能力。

（二）学生学习能力的培养

随着我国对英语学习重视程度的不断提高以及英语教育的普及，学生在步入大学之前都经历了很长时间的英语学习，也有了一定的英语基础。但是，由于英语翻译在中学阶段涉及比较少，学生之间的翻译水平相差很大，有些基础较差的学生对基本句子的翻译甚至都存在问题，而另一些基础比较好的学生则能很好地完成段落篇章的翻译。英语专业学生在进行英语翻译的学习时，由于英语基础的不同，也会呈现不同的学习态度。有的同学对英语翻译有很大的兴趣，能够融会贯通，能够很好地理解和把握翻译知识，学习情况也比较理想；也有很多同学只对自己的专业课感兴趣，对英语翻译课程兴趣不大，经常出现逃课的现象，更谈不上自主学习。由于翻转课堂需要学生的自主学习和高度参与，所以如果学生学习不够自觉，未能完成课前对微课的学习，那么教师就无法进行有效的后续教学。因此，翻转课堂模式在大学英语翻译教学中应用，需要建立与之配套的学生考核模式，综合考核学生的课前自主学习、课上探究活动及课后复习的全过程，呈现出多角度的考核方式，将考核分散在学生的整个学习过程中，从多方面考察学生的学习成果。这种考核模式的建立需要学校教学部门促成，并需要教师在教学中进行反馈、不断完善。

（三）课件与教学视频的制作

在翻转课堂教学模式中，由于课前学习的内容来自教师制作的课件或教学视频，因而课件或视频应难易适度，呈现形式新颖活泼，还要附带相应的学习任务来引导学生学习。这些要求对微课教学内容的选择和呈现形式的确定都提出了很高的要求。

首先，微课一定要有所体现“微”的特点，整个微课学习时间要控制在 15 分钟以内，确保不超过学生的注意力集中时限。为了达到微课之“微”的目标，教师除了在录制微课前需要准备好必备的材料，也要考虑微课中语言的表达，力求表达简练、清晰，在制作之前可以把要说的每句话提前写出来进行整理浓缩。

其次，微课虽然是基于英语翻译的教学内容进行安排，但是并不等于传统课堂教学内容的压缩包，而是将知识点独立出来供学生学习。例如，可以单独讲解什么是英语翻译的归化异化、英语翻译的信达雅的标准、翻译中的增词法和减词法等，这些都是可以独立的知识点。

再次，微课设计要有明确的教学目标，让学生清楚地认识到自己通过微课应该学到什么，从而提高微课的学习效率。

最后，教师对微课的设计要匠心独具，认真考虑如何通过微课来激发学生的学习兴趣。若微课只是对传统知识进行灌输的新包装，则必然会影响学生的学习积极性，教师可以充分借助图片、音乐、动画等多媒体手段直观地再现知识，也可以通过一段趣味视频将学生引入到学习的情境中。微课的录制要解决好技术问题，保证微课的画面和声音清晰。

六、实证研究——大学翻转课堂的应用

（一）课程目标的分析和分解

与多数学校相比，北京大学“翻译技术实践”的课程目标要求更高：在理论教学上让学生了解软件背后的技术原理，通过掌握行业、技术发展背后的脉络和关键性原理来增强学生的基础思辨能力；强调实战能力，不仅仅是让学生熟练掌握一两种软件，而是对涉及翻译工程项目流程的各种翻译技术和工具都要有所了解。此外，该校的翻译技术教学还强调培养学生在现实大型翻译项目和流程中应用信息技术和管理技术的能力。

近年来，为解决传统课程长期以来教学活动单一的问题，北京大学尝试在“翻译技术实践”课程中引入 CAT 软件竞赛，对课程进行游戏化改造，激发学生的学习热情，但这类教学活动仍局限于学生对 CAT 软件功能的学习。课程 MOOC 化之后，软件教学多数转为视频教学，学生有能力做到学有所为，从而有更多时间用于组织项目式的学习竞赛，在实战中掌握软件。相比以往，学生不仅要选择自己感兴趣的 CAT 软件，还要完成一个完整的翻译实践项目，要通过自我探索与合作学习来提出完整的解决方案。这种游戏化的、具有明显竞争与合作机制的项目竞赛，目前还无法通过 MOOC 平台开展，只专属于北京大学校内学生，如果我们将竞赛优胜者的视频放在网上，那么 MOOC 的互联网学生可以被动地参加，但想要主动参与该如何进行仍然是我们正在思考的问题。

（二）翻译技术课程

在 MOOC 环境下组织规划的“计算机辅助翻译原理与实践”MOOC 课程，在教学内容设计上以“翻译技术实践”课程原有的知识框架为基础，重新规划了此课程的教学大纲，并参照课程内容制订了“纵向”和“横向”原则，对各章知识点做了进一步划分。

1. 课程内容规划

该课程以“实现行为目标”和“解决问题目标”为出发点，课程主体内容参考国内外学者对译者翻译能力的研究，以及现代语言服务行业对译者职业素养的需求，以传统教学体系为基础，要求学生形成信息检索能力、工具操作能力和项目管控能力，最终实现对多种现代语言处理技术的综合运用。

该课程以上述 3 种能力为基础进行教学内容的组织和细化，共分为 12 个章节（第 0~11 课），完整涵盖现代语言服务市场需求、翻译技术原理以及工具使用、项目管控等内容。此外，MOOC 课程还扩展了原有的知识体系，在教学中融入更多翻译项目实例，同时在每章节中增加“技术专题”，介绍多种信息技术工具在翻译过程中的应用。

2. 课程知识点组织方式

课程内容的组织是 MOOC 课程建设的核心工作，也是后续课程建设任务得以开展的基础。“计算机辅助翻译原理与实践”MOOC 课程在内容划分上并不是简单地对各个知识点进行分割，而更多的是考虑知识点之间的层次和扩展关系，以避免出现过多的知识碎片，从而影响学生形成完整的知识体系。我国著名的课程论学者施良方认为，教师在编制课程内容时要注意处理好“纵向组织”与“横向组织”之间的关系，这为这门课程的内容划分起到了良好的指导作用。

（1）纵向组织原则的应用

纵向组织原则强调对课程进行序列化的组织，按照由简到繁的顺序排列课程内容，先让学生进行辨别，然后学习概念。换言之，课程在建设过程中，可以首先介绍与知识点相关的内容概览或知识背景，再对各个知识点做深入的分析和解释。该课程将各章节的内容大致划分为几种类型，首先对所要讲授的技术原理进行概述性介绍，然后对这一理论的相关知识要点进行分解和深入探讨，帮助学生构建起抽象思维背后的知识脉络，其次通过恰当的翻译案例或项目实践，向学生展示技术理论对翻译工作所起的促进作用，最后鼓励学生以辩证的思维看待当前的技术以及软件应用，并对技术的未来发展进行畅想，启发学生进行创新性的思考。

（2）横向组织原则中的技术专题

横向组织的原则要求打破学科的界限和传统知识体系，以便学生有机会更好地探索社会和个人特别关心的问题。在“计算机辅助翻译原理与实践”MOOC课程中，时常需要面对概念性知识与工具教学之间的矛盾，一方面，若一味地强调原理概念，容易忽视知识在实际生活中的应用，另一方面，若过于强调工具教学则会使课程变成一种技能培训。为解决这一问题，该课程在课程各章设置了“技术专题”，主要围绕与翻译工作相关的广义和狭义翻译工具的使用进行介绍。技术专题可能与该章节的知识相关，例如，在语料库章节的技术专题中，结合相关的翻译案例，对杨百翰大学语料库的使用进行介绍。该技术专题也可能与该章节内容相互独立，例如，在部分章节的技术专题中，介绍了视频字幕的翻译方法和Beyond Compare文件比较工具在翻译工作中的使用。此类技术专题多为传统教学中因授课时间限制难以完整呈现的内容，能够启发学生对新技术、新工具应用于翻译实践工作的横向思考，形成课程主体内容之外的一种有益补充和扩展。

3. 课程讨论题及作业题的设计

MOOC课程中的讨论题和作业题也是教学内容的一部分，这些内容能够鼓励学习者对知识进行回忆，以满足教学测试的需要，通过较为恰当的设计，能够承担一部分教学任务，使教师对课程内容做出合理安排。在实际工作中，我们对课程内容的类型加以思考，辨别哪些内容通过视频形式讲解能够获得更好的学习效果，而哪些内容通过设置讨论题的形式能够让学习者进行发散性思维，促成主动性、探索性学习。我们将课程讨论题分为"强化记忆""知识共建""鼓励思考"3种类型，如鼓励学生总结搜索引擎、翻译记忆、术语管理等方面的技术原理，或者让学生评判某种翻译结果的好坏并提出改进过程，也可考虑以讨论题的形式让学生搜集更多的搜索引擎高级语法、翻译行业标准等。

MOOC课程作业题能够对学习者提交的回答进行即时反馈，帮助学生强化记忆，促进理解，保持学习的注意力。"计算机辅助翻译原理与实践"MOOC课程在每个章节都设置了一定的作业题，采用机器自动评分方式，要求学生在规定的时间内完成，作为课程成绩评判的重要组成部分。这些作业题来自每个章节较为重要的知识点，强调学生对知识的回忆和理解，对需要深入讨论的问题更多的是以讨论题的形式来设计的。作业内容主要是以常识性知识、理解有一定难度或较为重要的知识点作为考量，如考查学生对搜索引擎技术原理的理解，或者考查学生对翻译记忆实现流程的整体感知。

通过以上分析，我们可以得到如下启示：

翻转课堂教学模式应用于英语翻译教学是一种有意义的尝试和探索。它改变了翻译课传统的授课方式，教师和学生的角色发生了翻转，从而能够更好地发挥学生学习的积极性、主动性、创造性和独立性，培养学生自主学习的能力，同时也提高了教学质量、增强了教学效果，学生的实际翻译能力大大提高了，从而满足了社会对人才的需求。由于翻译课实践性较强，所以在书店关于翻译方面的书籍也比较多，这就要求教师仔细挑选教材，选出适合自己学校特色、适合学生水平层次的书籍。在课堂上，讲授的翻译内容不能太少，应该让学生多了解翻译方面的知识，把理论和实践相结合。

翻转课堂教学能使学生体会到课堂教学的乐趣，增强其求知欲，使其学会探究并实现知识的构建。融入翻转课堂的大学英语翻译教学能够充分利用丰富的网络资源，使学生通过课前的自主学习获得相关的基本理论和技巧，并利用各种翻译工具和网络资源完成翻译任务，这为课堂上参与研讨预留了充足的时间，以此弥补传统教学课堂上教学内容多、时间紧、效率不高的缺陷。

翻转课堂模式在大学英语翻译教学中的应用，颠覆了传统的教师和学生在课堂中的地位，增加了学生之间以及教师与学生之间的互动，促进了师生间的交流，具有很强的现实意义。在这种教学模式下，课前知识的讲授能够有效地解决课堂教学时限的问题，从而拓展了教学时间，让学生有充足的时间思考；课堂上探究合作式的学习模式，能够有效地提高学生的沟通、表达能力，也有利于其思辨思维的培养；课后知识的巩固与拓展可以帮助学生及时消化课堂教学内容，为下一阶段的学习做好准备。

首先，教师必须能够熟练地运用网络技术，并通过制作精美的课件或视频，为学生提供翻译理论和翻译技巧知识结构清单。同时，教师还要精心组织协调学生的课外翻译活动，调动学生的学习积极性，完成对其翻译和学习的监督工作，这些都加大了教学难度。

其次，翻转课堂对硬件建设提出了很高的要求，学校要配备数字化终端设备，学生要拥有数字化终端设备，并且师生都要具有一定的信息技术应用能力，这些都是将翻转课堂融入翻译教学的前提条件。

最后，与传统的翻译教学相比，融入翻转课堂的翻译教学需要学生花费更多的时间来完成自主学习任务，包括课前预习和翻译、课堂的研讨以及课后的总结，若不能将三者有机结合，只会无端加重学生的学习负担，难以提高课堂教学效率，更难达到预期的教学目的。当然，将翻转课堂融入大学翻译教学还需要进一步的研究和探索。

第二节　任务型教学法在翻译教学中的应用

任务型翻译教学模式是一种以学生为中心，教师根据学生的实际水平设计任务，创设真实的或近似真实的学习情境，引导学生利用信息资源进行可理解输入、输出，并协作学习、主动完成任务，以实现意义建构，提高学生翻译能力的相对稳定性的操作性框架模式。该模式反映了外语教学从关注教法到关注学法，从以教师为中心到以学生为中心，从注重语言本身到注重语言习得的转变，既强调语言形式，又注重它的意义，将语言的用法、用途融为一体，具有较强的操作性，因而是对我国传统教学模式的一种革新，必将为培养更多适应新世纪发展需要的翻译人才奠定坚实的基础。

一、任务型教学法简述

任务型语言教学是二十世纪八十年代外语教学法研究者提出来的又一个有重大影响的语言教学理论。它主要以二语习得理论、心理语言学理论和社会构建理论为其坚实的理论基础，以学生为中心设计具有明确目标的真实任务，激发学生的学习兴趣，提高其互动性，促使学生积极主动地使用语言、协作学习、主动完成任务，以实现意义建构，提高学生的翻译能力。

（一）任务的定义

现有研究分别从任务的范围（主要指涉及语言的任务）、视角（任务设计者的角度或活动参与者的角度）、真实性（现实生活中有意义的活动）、语言技能（可能会涉及语言的任何技能）、心理认知过程（如领悟、使用、输出、互动、推理等）、结果（注重任务的实际完成）等方面对任务的定义进行了阐释。朗（Long）从非语言学的角度将任务定义为自己或他人从事的一种有偿或无偿的工作，即人们在日常生活、工作、玩耍中所做的各种各样的事情。理查兹、普拉特和韦伯从语言教育学的角度将任务定义为处理和理解语言的一个行动或活动。布林对任务的定义是：任务是任何促进语言学习的工作计划，它具有特定的目标、恰当的内容、规定的程序和一系列的结果等基本特点。大卫·纽南在综合各家观点的基础上，将定义概括为：交际任务是指导学生在学习目的语的过程中，领悟、使用、输出和互动的课堂交际活动，它重点关注的是意义，而非语言形式。拜盖特、斯凯恩和斯维因对任务的定义是：任务是要求学生使用语言为达到某个目的而完成的一项活动，活动的过程中强调意义的表达。埃利斯对任务的定义是：任务是那些主要以表达意义为目的的语言运用活动。尽管各家说法不一，但任务都涉及语言的实际运用。学生共同努力、相互协助，一起完成任务，这一过程就是模拟真实世界的体验过程，充分激发了学生的学习积极性和能动性，而学生在社会交往中，通过分享信息解决问题而向同一个目标努力的过程中学习效果最好。

（二）任务的特征

根据斯凯恩提出的任务构成要素（意义首要、解决交际问题、真实活动、关注任务完成、评价取决于结果），结合其他学者的观点，笔者认为，任务作为一种课堂教学活动应具有以下特征：

第一，完成各种真实的生活、学习、工作等有意义的任务，促使学生运用真实的语言。

第二，学生使用语言完成任务时，关注的重点是意义的表达而不是语言形式的操练，即重视学生如何沟通信息，而不强调学生使用何种语言形式。

第三，在教学过程中，任务可以涉及四项语言技能中的一项或多项，包括各种增加语言知识和发展语言技能的练习活动。

第四，任务必须有具体的结果，即完成任务应是最受关注的，至于如何完成及完成的情况则次之。

第五，任务的评价取决于结果，任务完成的结果是评估任务是否成功的依据。

斯凯恩指出，设计任务时应尽量避免：让学生只是鹦鹉学舌；仅展示语言；追求一致、与人雷同；机械性的操练以及为了特定句型结构硬把语言插入材料中。威利斯给我们提供了一些问题，借以鉴定设计的活动是否为真正的任务：能激发学生的兴趣吗？主要关注的是意义吗？有完成结果吗？活动的成功是以结果来评判的吗？任务完成是否优先？和现实的真实活动相关吗？得到肯定的回答越多，就越接近真实的任务。了解任务的正面、反面特征，以上面的标准为指导，有助于设计真实、有意义、操作性强的活动，使学生有机会自由地选择生活中实际使用的语言来完成任务。

二、任务型教学法的教学原则

（一）坚持以学生为中心

这一原则是指在任务型翻译教学模式中，教师要以学生为中心，引导学生充分发挥其在认识和实践中的主体作用。学生是知识构建的主体，学生的认知参与、主动思考直接影响任务的完成，离开学生积极主动的参与，任何学习都是无效的。教是为学而存在、为学而服务的，教师的主导作用必须也必然有一个落脚点，这个落脚点只能是学生的学习。所以，教师一定要注重发挥学生的主体性，以学生为中心，从学生的需要和兴趣出发，根据学生的实际水平，设计不同的任务，创设适当的学习情景，引导他们积极利用多种信息资源，与学习伙伴合作、协商，共同完成任务。教师必须激发学生的参与意识，为其提供参与机会，最大限度地发挥学生的主观能动性。翻译知识和技巧是由学生主动探索、思考、实践等体验和探究出来的，教师只是探究的组织者、指导者、促进者和评价者。

（二）坚持以任务为主线

任务型翻译教学模式区别于其他教学模式最根本的特点就在于它强调以各种各样的任务为主线，强调采用具有明确目标的“任务”来帮助学生更主动地学习和运用语言。所谓任务，就是一种活动，具有以意义为主、有某种交际问题需要解决、与真实世界的活动有某种联系、完成任务优先、以结果评估任务等 5 个特征。就任务型翻译教学而言，任务的内容主要有对比英汉语言文化、认知翻译理论和技巧、积累各种文体的翻译实践经验等。任务型翻译教学要求教师以任务为主线来组织教学，自始至终地引导学生通过完成具体任务来学习翻译，并获得和积累相应的翻译知识和技巧，从而提高翻译能力。总之，该模式重视学生在执行任务过程中的参与和协作，重视学生在完成任务过程中的能力和策略培养。学生在学习时首先考虑的是如何完成学习任务，而不是学会某种语言形式，所谋求的目标不再是机械的语言训练，而是实际翻译能力的培养。

（三）坚持以协作互动为方式

任务型翻译教学模式不仅重视培养学生独立探究的精神，还重视培养学生的协作精神，力图使学生在完成任务的过程中，通过学生之间、师生之间多向互动、协作，通过意义磋商、交流以及大量的语言输入和输出，培养和发展学生的实际翻译能力。任务的完成过程是协作互动的过程。一方面，协作互动有助于学生建立对任务更为全面的理解，加深对意义的建构；另一方面，协作互动会使学生产生让别人明白自己表达的需求，以及达到这一目的的喜悦，有助于激活其学习动机，让其通过与他人的协作互动，从事大量翻译实践，积累翻译知识和技巧。任务型翻译教学强调协作互动学习的重要性，将学生个人之间的竞争转化为学习共同体之间的竞争，培养了学生之间的协作精神和团队精神，也弥补了一个教师难以应对众多有差异的学生的不足，真正实现了使每个学生都能得到发展的目标。

（四）坚持以学习情景为前提

情景是指一定的社会文化背景。学习情景对翻译知识和技巧的构建起着重要的作用，不同的学习情景对翻译理论的理解与构建、对翻译技巧的选择与使用都会产生重大影响。真正的、完整的翻译知识只能在真实或近似真实的学习情景中才能获得，翻译技巧的实际掌握也必须在真实或近似真实的学习情景中才能体现。因此，在任务型翻译教学中，创设适当的（即真实或近似真实的）学习情景，有助于学生将翻译理论与实践相结合，有利于提高学生的实际翻译能力。换言之，教师应在设计任务时尽力创设真实或接近真实的情境，将课堂内的翻译学习与当前的社会文化背景相结合，让学生置身于贴近自己生活的语境中，通过完成任务，深刻地感受翻译学习与自己生活实践的紧密联系，激发他们自主、协作学习翻译的兴趣和学好翻译的信心，促进其实际翻译能力的提高。

三、任务型教学法的教学结构

任务型翻译教学模式的教学结构主要包括任务准备、导入、实施、巩固4个基本环节。这4个基本环节是贯彻教学原则、完成教学任务的有效保证，是既相对独立，又相互衔接、相互影响的有机结合体，教师在实际操作中要注意它们之间的相互联系和制约关系。

（一）任务准备环节

任务准备环节主要是指教师从学生的需要和兴趣出发，结合社会对翻译人才的需求，根据学生不同层次的水平，精心设计各种任务。任务的选择和设计是该模式得以顺利进行的关键，其具体设计应把握下列要求。

1. 任务涵盖的范畴应广泛

任务涉及的领域应从传统的文学作品翻译扩展至经贸、科技、外交、军事翻译等。同时，任务的范畴还应囊括翻译理论与技巧的学习，即教师应根据社会需求、专业特点和学生的认知现状，选择一些理论和技巧引导学生学习，让学生有意识地运用理论来指导实践。另外，任务的设计还应注意语言形式与意义的结合。

2. 任务的内容应具真实性或近似真实性

任务的内容应贴近学生生活和学习经历，与现实世界有某种联系。这种联系不应是笼统的，而应是具体的，能引起学生的共鸣和兴趣，激发学生积极参与的欲望。所涉及的情境和语言形式等要符合实际的功能和规律，使学生在一种自然、真实或近似真实的情境中体会翻译知识和技巧的应用。

3. 任务的难度应根据学生的实际水平设置，重视个体差异

教师应利用问卷调查、水平测试、座谈交流等多种形式了解学生的实际水平，

并以此为基础设计学习任务。任务的设计应反映学生的认知规律，由简单到复杂，层层深入，前后相连，形成由初级任务向高级任务递进以及高级任务涵盖初级任务的循环，构成“任务环”，使教学呈阶梯式递进。

4. 完成任务的形式应具多样性

学生可采取自主、结对或小组协作等形式来完成任务，可通过传统的图片、纸质材料等形式完成任务，也可大量运用现代技术，通过录像、光碟、多媒体课件、网络论坛等电子材料形式完成任务，还可以通过参与具体的社会实践来完成任务。

（二）任务导入环节

在任务导入环节中，教师按照任务设计情景，做一些能激发学生学习兴趣的“热身”活动，使学生在活跃、轻松愉快的气氛中进入翻译学习。教师应重点讲解关键性知识和技巧，为学生提供必要的输入，然后介绍任务要求和实施步骤，为后续环节做好铺垫。

1. 在实施学习任务之前，教师应引导学生复习与任务有关的已掌握的知识和技巧。教师应尽量激活与任务相关的背景知识，减轻学生认知加工负担，为学生开展学习任务扫清障碍。教师可采用多种方式引导复习，如课堂提问、经验交流、多媒体课件讲解等。

2. 对学生不熟悉的有关学习任务的话题进行提示。例如，提示任务中所涉及文体的特定翻译技巧和所涉及的某些关键词的翻译等。介绍的内容与任务的完成密切相关，介绍的方式根据教学实际可以是直接、明确的，也可以是间接、含蓄的。

3. 教师应组织学生结成对子或划分学习小组，组成学习共同体。教师向学生布置学习任务，使其理解、明确任务的内容、目标、完成时间及完成后应取得的成果等。教师在布置学习任务时的指令性课堂语言一定要简单明了，学习任务的目标越具体越好。

（三）任务实施环节

任务实施环节强调“做中学”的原则，让学生为完成特定的学习目的去实施特定的任务，通过完成特定的任务获得和积累翻译知识及技巧。教师可以利用国内外的学术会议、记者招待会等活动的同传录像、光碟等内容来模拟翻译现场，引导学生从事互译实践，让学生通过完成任务提高翻译能力。该环节主要由执行任务、准备报告和汇报评价 3 部分组成，学生之间、师生之间采取不同的交互方式，各自扮演不同的角色。

1. 执行任务

学生以个人、结对或小组的形式执行各项任务。

任务型翻译教学模式要确保每个学生都有事做，每个学生在任务完成中都应有明确的分工，都应有大量从事翻译实践的机会和充分表现自己的机会，每个学生都应参加具体的任务活动。教师监督、鼓励学生参与学习任务，但并不直接讲授，只是提出思考方向，让学生自己探索，或指出几种可能，由学生自主判断。

2. 准备报告

学生准备以口头或笔头的方式向全班或小组报告任务完成情况和结果。

他们可将汇报内容设计为纸质、录音、录像、多媒体课件等形式，以便能更生动形象地向全班或小组进行汇报。教师应使学生明确汇报目的，组织学生积极讨论、集思广益，在学生无法继续任务时，给予适当提示或帮助。

3. 汇报评价

学生向全班或小组报告任务完成情况和结果。

在此基础上，以学生自评、小组互评、教师总评等多种形式，多层次、多角度地比较、分析、评价、补充学生任务完成的结果，总结翻译知识与技巧，探寻翻译规律。教师可以扮演主持人的角色，并挑选发言者，对学生完成任务取得的成绩及时予以肯定，尊重学生的意见，鼓励学生的创造性，并提醒学生注意语言形式与意义的结合。

（四）任务巩固环节

任务活动不能局限于课堂教学，还应延伸到课堂之外，以巩固旧知、预习新知，这是任务型翻译教学模式的最后环节，即任务巩固环节。该环节是学生将所学知识灵活运用于实际生活、完成翻译知识迁移的关键，其主要有课外作业与第二课堂两种形式。课外作业和第二课堂的内容都应与课堂学习任务及学生生活经历有关，既能复习和强化学生所学知识，变机械学习为有意义的学习，又为他们提供展示个性和能力的舞台。

1. 课外作业

根据课堂任务内容及学生生活经历，教师向个人或小组布置课外作业，使课外作业与课堂教学融为一体。作业题材应适量、多样化，遵循学生的认知规律，难易适度，具有针对性和开放性，能对教学起到反馈作用。教师可以向学生推荐参考文献，指导他们在课外阅读时选择与课堂任务有关的资料，也可选择与课堂任务有关的内容让学生在课外继续巩固练习等。

4. 第二课堂

第二课堂的内容应新颖，但也不是不切实际的凭空安排，而是与课堂任务内容及学生生活经历紧密相关，能巩固课堂任务内容、顺应学生主观愿望、增强学生的思维活力和创造能力。第二课堂的形式应灵活多样，教师可通过组织学生举办翻译竞赛、向报纸杂志投稿、参加各种翻译社会实践等多种形式，为学生提供和创造广阔的学习、实践环境。

四、任务型教学法的实施过程

（一）前任务阶段

教师介绍任务的主题和内容，引导学生熟悉话题、界定情景，并布置任务的具体要求，指导学生分组等。

1. 任务准备

教师在选择翻译材料时要做到贴近实际要求，难度要符合学生当前的专业知识水平，篇幅适中，避免打击学生完成任务的信心和积极性，设定逼真的情景，保证任务的实用性。例如，教师给出如下商务材料作为学生的翻译任务：

Dear sir,

Our client in Bombay requests to obtain from you a pro forma invoice for colour TV sets with the following specifications: “Haier” brand colour TV sets 25-inch and 34-inch （each 500 sets）. Would you please airmail us the soonest possible your pro formal invoice for 1,000 colour TV sets with prices CIF Bombay, so that we can obtain our client’s confirmation. There is no question about getting the necessany import licence from our authorities. As soon as the said license is approved, we shall establish an L/C in your favor. Thank you for your close cooperation in this respect.

Yours truly,

John Smith

2. 任务导入

教师在要求学生完成任务之前，应先进行必要的输出，介绍足够的背景知识，清晰地阐述任务的性质，界定任务的商务环境和翻译所要达到的具体要求，对其中可能会遇到的难点问题进行适当的提示，为学生完成任务做好知识保障，打好基础。

3. 分组

在对一个 30 人左右的大学英语班级分组时，每组学生数应在 4~5 人，不宜超过 6 人，这样既能避免因学生人数过少而造成个人任务负担过重，又不至于因人数过多而分工散乱、难以统一。分组时也要考虑学生在知识水平、英语技能和性格等方面的差异。另外，教师还可对学生的小组分工提出适当的建议、进行相应的指导，帮助学生切实有效地开展任务。

（二）任务阶段

这个阶段包括任务（task）、计划（planning）和报告（reporting）。学生或学生小组根据教师布置的要求，分工协作，共同商讨出最佳方案，制订完成任务的计划，并实施计划。

1. 分工设计

执行任务之前，学生小组内根据自身的特点明确各自的分工计划，确保每名同学各司其职而又不至于翻译负担过重。

2. 执行任务

学生在执行翻译任务的过程中，教师应密切监督，适当指导，但不应过分主导，应鼓励学生自主探索、协作，以保证学生小组自主完成翻译任务的积极性和创造性。

3. 总结汇报

初步完成任务后，学生小组内集合各自翻译结果，进行交流探讨，并修改得出最终翻译版本，以幻灯片或打印稿等形式在班上进行汇报展示。

（三）语言聚焦阶段

语言聚焦环节（任务后环节）包含语言分析和练习。教师展示各学生小组所提交的翻译版本，师生共同进行讨论，提出其中语法、专业知识、语篇风格等方面的漏洞，进行修改和完善。教师对学生完成的任务进行评价，并对涉及的翻译知识进行总结。另外，教师可通过布置课外作业或第二课堂任务以保证学生复习强化所学知识并灵活应用。

例如，通过讨论，确定最终译本如下。

敬启者：

我们的一个孟买客户要求我们从贵方取得下列规格的彩色电视机形式发票："海尔"彩色电视机25英寸和34英寸各500台。请尽快航邮注有孟买到岸价格的1000台彩色电视机的形式发票，以便我们取得客户确认。从当局取得必要的进口许可证当无问题，一旦获得许可证即开立以贵方为受益人的信用证。感谢贵方的密切合作。

约翰·史密斯

敬上

根据以上分析，我们可以得到如下启示：

作为一种新型的教学方法，任务型教学法得到了广泛的认可，但这并不意味着教师要完全摒弃其他教学方法。实际上，在对学生进行背景知识的补充和语言知识点的介绍方面，传统的外语教学法更具优势。需要注意的是，要实现准确的理解和表达，学生必须具有比较扎实的语言（包括源语和目标语）基本功。同时，教师要加强学生的语言基本功训练，培养学生的汉语运用能力，提高学生对语言的悟性。

翻译是语言的再创作，只有通过大量的翻译实践，才能提高学生对语言的理解能力和鉴赏能力，并加强他们对英汉语言差别的反应能力。而且，教师要精讲多练，引导学生成为课堂的主体，发挥学生在大学英语学习中已经建立的优势，用优势基础克服畏难情绪，提高学生的翻译能力。同时，任务型教学法对教师也提出了较高要求。教师需要充分发挥自身的聪明才智和创造力来设计教学任务，从而为学生营造尽可能真实的语言情景，激发学生在知识构建中的认知主体作用，教师还应通过多种途径丰富和完善自身的商务背景知识。在《大学英语翻译》教学中，教师可以尝试用任务型教学法的理论指导《大学英语翻译》教学实践，将教学重点放在大学英语翻译实践和应用能力上，并不断总结和完善。只有这样，才能培养出既符合教学目标又符合社会需求的高素质翻译人才。

第三节 项目导向型教学法在翻译教学中的应用

“项目导向教学法”是将整个学习过程分解为一个个具体的工程或事件，设计出一个个项目导向教学方案，按行动回路设计教学思路的教学方法。这种教学方法，不仅传授给学生理论知识和操作技能，更重要的是培养他们的职业能力，这里的能力已不仅是知识能力或者专业能力，而是涵盖了如何解决问题的能力：发现解决问题方法的能力、接纳新知识的学习能力以及与人协作和进行项目合作的社会能力等。当前，在我国的高等教育和职业教育的体系中，已经有不少学校和不少专业利用项目导向教学法的模式进行了课程改革，并取得了良好的效果。

一、语言学领域的项目导向教学法

“项目导向教学法”最早起源于美国，是由美国教育家凯兹和加拿大教育家查理共同推出的一种以学生为本的教学方法，它是师生通过共同实施一个完整的“项目”而进行的教学活动，是职业教育领域非常典型的行动导向教学组织形式，盛行于德国企业的职业教育领域，并对德国的职业教育产生了巨大影响。在大学教育中，“项目”主要是指以生产具体的、具有实际应用价值的产品为目的的一种任务，它旨在把学生融入有意义的任务完成过程中，让学生积极地进行学习，自主地进行知识的构建。它应该满足以下条件：该工作过程用于学习一定的教学内容，具有一定的应用价值；能将某一教学课题的理论知识和实际技能结合起来；与企业实际生产过程或现实商业经营活动有直接的关系；学生有独立制订计划并实施的机会，在一定范围内可以自行组织、安排自己的学习行为；有明确而具体的成果展示；学生自己克服、处理在项目工作中出现的困难和问题；项目工作具有一定的难度，要求学生运用新学习的知识、技能，解决过去从未遇到过的实际问题；学习结束时，师生共同评价项目工作成果。

根据布里基斯和豪林格、格兰特的定义，项目导向教学体现了以学生为学习主体的教育思想，其基本特征是为学生提供对有价值的课题进行深入研究的机会，让学生身体力行地进行科学研究，在研究工作中体验完整的科学研究过程，形成科学研究意识，获得初步独立进行科学研究的能力。实行项目导向教学法需满足以下几点要求：①项目必须是一个有步骤的系统过程；②项目所涉及的内容和学生所学专业紧密相关；③项目目标预期明确，有实施计划；④项目在教师的指导下进行；⑤学生实施项目的情况可以被跟踪观察；⑥项目的最终结果应该是可以评估的；⑦项目应该凸显合作意识。这种项目导向教育思想在西方学校教育中得到了广泛的应用，特别是在美国理工科专业教育中，已成为主流。

项目导向教学在我国基础教育和高校专业教学中也得到了尝试性的应用。有些大学的英语专业教学（如南开大学外国语学院的英语专业）也在开展这种基于项目的教学实践，但尚未得到广泛应用。从项目内容方面讲，以语言研究为内容的项目导向教学活动更为少见。这主要有两个方面的原因：一是认为语言研究是语言学专业教学的事，和语言学专业外的教学无关；二是认为我们对自身的语言太熟悉了，不知道有什么可以研究的，故看不到语言研究在科学研究通识教育中的价值。这种观点需要改变。首先，语言中的各种现象和事实本身就是便捷的、唾手可得的研究材料，任何研究者都可以用探索的科研心态获得；其次，语言本身就是一个奇妙而复杂的有机系统，有其自身的法则和规律，有许多可以研究的地方；最后，研究语言不必通过复杂的实验工具就可以直接感知和观察。按照项目导向教学研究重点不在成果而在过程的要求，语言研究十分适合作为大学英语项目导向教学的内容。

在项目导向教学中，学习成为一个人人参与的创造实践活动，注重的不是最终的结果，而是完成项目的过程。在这个过程中，学生学到的不仅是理论知识和操作技能，更重要的是获得一定的职业能力，这里的能力涵盖了发现解决问题方法的能力、接纳新知识的学习能力以及与人协作和进行项目合作的社会能力等几个方面，而这些能力正是社会对大学毕业生的要求。所以，在大学教育中推行“项目导向教学法”具有十分重要的意义。

（一）学生学习兴趣

项目导向式教学法能够改变原有翻译课程的传统教学中教师“一言堂”的教学模式，将所开设课程的教学内容设计成具体技能的训练项目，根据项目组织、实施教学与考核，重点体现翻译的趣味性与应用性，从而提高学生对翻译课程的兴趣和主动性。

（二）课堂学习效果

项目导向式教学法能够使学生从被动地接受翻译到主动地翻译，从根本上改变学生的学习及思维习惯，培养学生的主动性、创造性。学生从此不再是被动地学习所谓的翻译技巧，而是主动思考、研究并进行翻译实战，从实战中学习技巧、巩固技巧、熟练掌握技巧，从而使学习效果事半功倍。

（三）学生未来发展

项目导向式教学法由于在实践的过程中引用的都是真实的翻译项目，能够使学生在真正踏入翻译行业之前就充分了解并驾驭翻译实践。更重要的是，由于翻译项目都是与当今时代充分接轨的材料，体现了当今社会真实的文化差异，学生能够在不断实践的过程中了解这些信息，真正掌握处理文化差异的翻译方法，使自己成为具有过硬的专业知识和技能，能够促进国际文化交流的全方位的应用型人才。

（四）翻译专业课程教学长远发展

建立一套全新的、实用的、科学的、系统的翻译教学模式，是翻译专业教学改革的基础，这有利于培养大批创新性、技术技能应用型翻译人才，为翻译专业的长远发展奠定坚实的基础。

（五）项目导向教学法在大学英语翻译教学中应用的可行性

项目导向教学法是一种围绕一个“具有很强实践性的和接近生活实际的工作活动”进行教学过程设计的教学方法，在完成工作活动的过程中，特别强调学生要尽可能自主完成。从中可以看出，项目导向教学法不仅突出教学内容的“实践性”和“职业性”，而且强调学生的自我反思能力。与传统的教学方法相比，项目导向教学法打破了传统的知识本位和学科本位，实现了从以教师为中心到以学生发展为中心的转变，有利于培养学生的职业能力。

项目导向教学一般可以分成以下4个教学阶段：明确项目任务；制订项目计划；实施项目计划；项目成果展示和评估。学生在教师的引导下，从工作活动中或类似工作情景中确定要解决的问题或任务，并共同制订切实可行的解决计划，通过小组的共同努力实施项目计划，解决问题或完成任务。最后，展示各小组的成果，并检查评估项目计划及其成果。这一教学法要求教师尽力从工作活动中选取典型项目，着眼于学生未来职业能力的培养，非常有利于解决我国大学教育面临的学制短、要求高、学生基础薄弱等一系列问题，有利于提高大学教育的质量。翻译课作为大学商务英语的一门重要核心课程，项目导向教学法的合理应用也将进一步提高翻译教学的效果，促进学生翻译能力的发展。

三、项目导向教学法的实施过程

项目导向教学法在教学过程中要以学生为中心，充分发挥学生的主动性和创新性，而教师起着指导和协助的作用，负责整个教学的设计和组织，一个完整的项目导向教学的过程一般有以下4个阶段：项目设计期、项目实施期、项目展示期和项目总结期。

（一）项目设计期

好项目可以充分调动学生学习的积极性，所以项目的选取非常关键。项目设计最重要的原则就是可实践性，以保证学生可操作并有所收获。因此，项目设计应采用结构化的方法，自上而下、逐步细化，应注意以下事项：①从本校的教学资源实际状况出发，项目要可行；②项目由易到难，逐步提高难度；③项目设计要注意分散重点、难点，要考虑“任务”的大小、知识点的含量、前后的联系等多方面因素；④项目设计要符合学生的特点，充分考虑学生现有的文化知识水平、认知能力、年龄、兴趣等特点，做到因材施教；⑤以“项目”的方式，即以“布置任务—介绍完成任务的方法—归纳结论”的顺序，引入有关概念，展开教学内容。项目导向教学法的着眼点在“项目”，而项目的选择要以教学内容为依据。

项目设计以国际商务情景下（接待、陪同、洽谈等）商务翻译员或商务助理员的工作任务为线索来进行。设计的项目活动载体以一个大学毕业生入职公司后所经历的一系列翻译涉外活动为主线，使用各种对应知识点和技能点的案例，覆盖所有 16 个工作项目，合成完整、真实的商务译员或助理岗位工作任务。

（二）项目实施期

项目制订好后，学生要根据项目细分任务，制订工作计划和步骤，并分组实施。项目的实施采用自下而上、由易到难、逐步完善的原则进行。此时，教师应充分相信学生的能力，让他们自己动手，面对学生计划中的欠缺或不完善处，教师可适当地加以点拨或指导，然后师生合作，共同完善它。在实施项目的时候，要根据不同的项目采用不同的方法。

对一些比较简单的操作步骤，学生自己可以从书上或者其他渠道（网络、实地调查）找方法，自己根据理论知识进行操作；对一些操作比较复杂的项目，教师要及时给出相关资料，还应适当提醒学生先做什么、后做什么，必要的时候做一下示范，这样既可以避免接受能力较差的学生面对较为复杂的项目时束手无策，又能避免学生走不必要的弯路。例如，在公司简介翻译环节中，可以通过模拟公司的方法，将全班学生分成4组，以组为单位模拟成立外贸公司，让学生为自己的公司取名，确定业务范围，设立法人代表，成立董事会，制作公司简介。在此基础上，根据教材内容和项目要求，做成演示文稿在多媒体教室展示，让学生相互评价。这样，学生通过进行相应的商务模拟实践活动就熟悉了商务活动环节。

（三）项目展示期

这一阶段以学生作品展示为主、教师点评为辅，其特点是集思广益，开拓思路，鼓励创新。展示期可以进行作品欣赏或方法交流，可以开展一些热门问题的讨论，让学生在思路上得到一些启发，取人之长，补己之短，提高创作水平。这一阶段可以在教学节奏上给学生一个放松的时间，同时教师可以查缺补漏，讲解一些共同的难点和重点，并触类旁通地给出大量应用实例，加深学生对所学知识的理解。

（四）项目总结期

学生学习能力不同，对知识的吸收和掌握程度也不同，这样很容易造成学生成绩的两极分化和教学知识点的疏漏。针对这些问题，教师在采用项目导向教学模式时，要加强对课堂内容的小结和对知识点的回顾，使学习能力差的学生或操作有疏漏的学生能通过教师的总结和回顾跟上教学进度，从而达到教学要求。

项目导向教学法设计案例：实地搜集苏州市区著名商标、品牌及商号的英语译文，并分析或纠错（课堂演讲）。

【步骤一】宣布教学内容、目的（时间5分钟）

新课导入项目任务：苏州天成体育用品有限公司市场部经理将赴欧洲寻求合作伙伴，要求其助理根据公司简介整理材料，将公司名称和产品名称等翻译成英文。

【步骤二】知识归纳和操作示范（时间40分钟）

①商标、品牌及商号的概念和特征；②商标、品牌及商号的翻译方法；③商标、

品牌及商号的翻译纠错示范。

【步骤三】学生项目实施和展示（课堂演讲）（时间为 40 分钟）

任务 1：为苏州市区著名商标、品牌和商号及其英语译文分析或纠错。

任务 2：设计中英文商标（品牌）和商号（公司名称）各一个，并阐述理由。

【步骤四】总结和作业布置（时间 5 分钟）

五、项目导向教学法对翻译教学的启示

（一）积极开展师资培训，提升教师的课堂监控能力

将“项目导向教学法”推广应用到学生职业能力的培养中，需要做好师资培训，给教师提供接触实际职业岗位的机会，如安排英语教师定期到基层企业实习锻炼，或到校外做外销员、导游、翻译等兼职工作，学院利用寒暑假对英语教师进行职业培训，采用集体备课形式来优化设计项目等。

（二）加强项目导向教学法中的有效输入，提高学生的项目参与度

在项目导向教学法的实施中，教师应灵活融入不同文化背景的知识，如在西餐餐桌礼仪、筹备庆祝晚会等项目中，应考虑到西方国家的风俗习惯，提高学生的参与度。另外，教师应采用多种途径进行输入，如电影、网络资源、图书馆书籍等，增加英语学习的趣味性，充分发挥学生的主观能动性。

（三）促进项目导向教学法中的有效输出，积极培养学生的职业能力

鼓励学生以创造性的方式展现项目成果，如英语演讲、英语报告、短剧、采访、辩论赛等，充分挖掘学生的创造潜能，培养学生的创新能力。此外，教师既要重视对合作成果的评价，又要重视对合作过程的评价，帮助学生提高听说和交际能力，发挥创意，增强团结协作。

第四节　合作学习法在翻译教学中的应用

二十世纪中叶，许多学者提出以学生为核心的教学新理念，建立在该理念之上的“合作学习法”作为一种全新教学模式，被应用于多种课程教学中，并取得了良好的效果。合作学习法主张将不同能力和特点的学生划分为若干小组，通过开展多种学习活动，促进学生对所学科目的理解。在合作学习中，教师与学生的角色作用与传统翻译教学有所不同，合作学习以学生为中心，教师起辅助与管理引导作用，只有当所有小组成员都达到了预期的学习目的，才能算是真正完成了学习任务。教师将合作学习形式运用于翻译教学中，极大地提高了学生学习的积极性。

一、合作学习法简述

合作学习法是一种以团体形式组织起来的集体学习方法，是一种系统的小组合作工作方法，努曼（Numan）将这种学习方法归于经验语言学习模式。合作性学习策略强调团体合作，以学生为中心来组织教学活动，强调学生的自我及互相指导、个性发展、内在的动机及合作意识。成员之间的合作动机和信息差是合作得以进行的基础，合作学习的目的是使各方在合作过程中获取有价值的信息，以弥补自身在信息、知识和能力等方面的不足，并获得心理上的满足和快乐。合作者要遵循一定的原则，即合作各方为取得共同的学习目标而进行多方面的配合。合作式学习必须具备以下 5 个特点：

第一，学生有与他人合作以完成任务的心理需求；

第二，学生有能力总结、提供和接受各种解释性信息，并能够通过以往的学习经验来完成互动活动和口头交流；

第三，学生必须能各自学习语言材料和帮助他人学习语言材料；

第四，学生必须练习社交技能，如鼓励他人如何在不挫伤对方感情的前提下表达自己的不同意见；

第五，必须给予学生机会去分析自己的小组如何更好地运作以及如何运用社交技巧。

合作学习法源于早期的希腊。在西方教育界，大多数教师采用这种模式来组织课堂学习。采取合作学习法基于以下 5 个理由：①积极的彼此独立性；②保证学生的参与；③促进学生—教师—学生之间的互动；④有助于培养社交技能；⑤有利于探索和实施小组活动运行模式。近年来，我国也有一些外语教师将合作学习法引入课堂，并取得了良好的效果。

二、合作学习法对学生所起的作用

合作学习打破了传统的教学模式，在教学中营造一种协作式的温馨轻松的学习氛围，有利于激发学生求知的本性，发挥学生自身的潜能，共同学习、互相激励、相互促进。合作学习的好处可以归纳为以下 5 点：①增加学生使用目的语的总量；②提高学生使用目的语的质量；③提供更多个别指导的机会；④营造学习语言的轻松环境；⑤提高学生的学习积极性。

笔者结合自己的教学实际，将合作学习对学生的作用概括为以下 4 点。

（一）增强学生的自信和自尊

在合作学习中，学生学会互相依赖、互相鼓励，从而克服学习中的焦虑感。

让学生在练习和对自己译法的“自圆其说”中建立起自信，通过教师的不断鼓励以及小组成员间的相互激励与通力协作，合作学习更容易使学生在竞争环境中保持自信和自尊，从而更愿意尝试新的任务并取得更优异的成绩。

（二）激发学生的学习热情

三人行，必有我师，学生不仅可以从教师的教学中汲取知识，也可以通过合作学习获得知识。在合作小组中，学生相互支持和配合，实现的是互动式、协作式的学习，为不同层次的学生提供了更多参与学习的机会，促进了学生之间的交流和沟通，增强了他们的学习自主性。成员间的相互支持和鼓励对缺乏学习兴趣或安全感的学生来说无疑是一种强大的动力，能够促使他们努力学习，配合小组完成相应的学习任务。

（三）提高学生的人际交往能力

人际交往能力是指在一个团体内部与他人和谐相处的能力。培养学生的人际交往能力是高等教育的一个重要目标。现代社会离不开开放的社会人际交往。一个团队就是一个微观的社会，良好的人际交往能力和人际关系是人们生存和发展的必要条件。合作学习法能为学生提供广阔的交际空间，对其交际能力的培养具有极大的促进作用。团队成员之间通过互动协作可以加强彼此思想、感情、信息的交流和沟通，学会正确处理人与人之间的关系，提高合作共事的能力，通过与人合作达到互赢互利。

（四）培养学生的团队合作精神

在21世纪的信息社会，全球性的各种相互依赖的活动更加频繁，对学生来说，学会积极的相互依存、面对面的合作显得尤为重要。合作学习法在教学中强调培养学生的团队合作精神。团队合作精神是一个优秀团队的灵魂，是成功的基础，团队成员要有对团队目标的认同感，方能有对实现团队共同目标的责任感、有认可自己是团队一员的强烈归属感，以及愿意合作并善于合作的意识。在合作学习中，每位团队成员要信任和尊重他人，学会欣赏和包容，不仅要有个人能力和责任心，更要有协调合作的能力，有整体意识、全局观念，并不遗余力地为实现整个团队的目标而共同努力。

三、合作学习法在英语专业翻译教学中的运用

合作学习在教学中强调学生个体之间的相互支持和配合，实现的是互动式、协作式的学习，为层次不同的学生提供参与学习的机会，促进了师生之间、生生之间的交流和沟通，也培养了学生的自主学习能力和团队合作精神。翻译教学中的合作学习应包括以下几个步骤：

第一，教师精讲。教师要把握翻译课的教学目的和学习要点，精要地讲解翻译教学内容中的重点、难点和技巧，为合作学习做好准备。

第二，学生参与。教师把班上同学分成几个组，每组以 6~7 人为宜，选出一名组长，确定组长和成员的职责，由组长组织本组成员按教师的要求开展工作。

第三，小组讨论。各小组领到任务后，组织组员就主题内容进行交流和讨论，发表自己的见解，互相交流信息和思想，选出最佳答案，教师可做适当的引导和帮助。

第四，小组报告。经过大家的讨论，由组长或选派出的某个组员代表小组发言，在班上汇报本组讨论的结果。

第五，分析评价。教师要客观公正地对小组报告进行分析与评价，采用科学的检测指标和评分标准来检验学生的合作学习成果，既要发挥合作学习的效果，也要体现个人努力的过程。合作学习在教学中处处可寻，贯穿在整个翻译教学过程中，教师积极倡导学生参与到课堂的学习和讨论中来，学生也喜欢这种团结合作、参与竞争的学习方式。

合作学习在翻译教学中可以通过以下几种方式进行：

（一）课前的合作学习

教师在上第一堂课之前，可让学生谈谈对翻译的初步认识和了解，如希望在翻译课上学到什么内容、想让自己的翻译水平达到哪个层次、对翻译课有何具体

要求与疑问、在哪些文体上需要加强训练等，让学生分组讨论后以书面形式上交教师。教师可根据学生反映的较为普遍的问题，结合自己的教学经验和该学期的教学目标，确定教学进度计划和内容。教师有时可将某些教学内容在上课之前发给学生做预习，让学生分组讨论，注意翻译中的英汉两种语言表达的不同，完成从读者到译者的过程。学生可以将在翻译过程中遇到的问题及时记录下来，带着问题来上课。教师还可以让学生在课前以个人形式完成翻译材料中好词佳句的摘录工作，包括名人名言、谚语、格言、警句、小说、散文或诗歌中的片段等，然后分小组在课前进行介绍交流，选出小组中的最佳代表进行课内陈述报告。

（二）课内的合作学习

1. 陈述报告

教师可以让学生在翻译课堂上做陈述报告，这是一种锻炼学生综合能力的重要形式，可根据具体情况确定做陈述报告的次数。笔者的做法是将班上学生按每组 6~7 人分成几个组（从性别、学习层次及性格等方面进行搭配），每组由一名组长负责，按组次轮流在每次翻译课上做一次陈述报告。教师对这样的小组活动要说明要求、指导方法及注意事项等，杜绝学生偷懒，避免其走进学习的误区。课堂上的陈述报告是学生在课前选出的最佳的代表陈述，学生在陈述翻译材料之前可适当介绍一下背景知识，然后就材料本身请同学们进行分组讨论，提交自己的译文。这种训练方式既培养了学生的听说能力，又提高了翻译能力，还让学生在陈述技能上得到了锻炼。

2. 小组讨论

合作学习法不但需要小组成员之间互相交流思想和信息，还需要互相合作后确定一个或多个讨论结果。小组讨论这种活动方式比较有利于培养学生对教师、同学及翻译材料的正确认识，在交流中体会到与同学合作的乐趣，促进其交际水平的提高。在这一环节，教师确定讨论的内容，可讨论某次翻译作业、某个话题、某个语篇等，要求组内成员有分工也有合作，先完成自己该承担的部分，再与其他成员对接，积极参与到讨论、提问和问答问题中来。教师要给予学生一定的时间限制，在规定的时间范围内一般不要中途打断学生的发言，以免挫伤学生的学习积极性，但如果一旦发现讨论偏离了主题，教师就要及时介入，夺回话语权，保证小组讨论的有效性。

3. 小组练习

翻译教学是一门理论与实践相结合的学科，在教师讲完一些翻译理论和技巧后，就要有意识地给学生布置一些翻译练习让他们在课堂上完成。教师可结合学生实际情况，选择一些既能吸引学生兴趣又能达到练习目的的课内外材料，如具有代表性的一些段落或篇章等，要求学生经历人人准备、共同讨论、集体修改、汇总定稿的过程，让学生真正做到相互学习，取长补短、集思广益。在练习过程中，教师还要指导他们正确地使用工具书，提高翻译速度，训练摘译及编译等方面的能力。

4. 小组评价

评价是学习过程中一个十分重要的环节，让学生参与评价，不仅可以改变他们在传统教学中的被动地位，还可以使其从评价中得到启发，找出改进的方法，提高翻译能力。小组评价就是让同学们相互交换翻译练习或作品，并提出修改意见和建议的小组活动。互相评价和批改可以加深学生对错误的认识，增进同学之间相互学习和交流的机会，锻炼发现和解决问题的能力。小组评价还能使学生由被动接受知识转变为主动学习知识，有助于发挥其学习的积极性和创造性，在不断完善译文质量的同时，可以适当地减轻教师逐个批改作业的负担。

5. 讲评总结

教师对每组学生的翻译练习要给予讲评，把练习中出现的普遍性问题在课堂上重点讲评，讲评时指出问题出现的原因，不断总结规律，寻求解决问题的最佳策略。教师既要帮助学生发现错误、纠正错误，又要肯定和保留学生译文的可取之处，还可印发优秀的翻译作品，供学生借鉴和学习。教师要让学生正确地理解英汉语在语言表达上的不同特点，多给予学生鼓励和引导，帮助其树立自信心，提高翻译能力，教师在讲评中还要不断总结学生每次合作学习的优势和不足，制定合理的“合作原则”，提高合作学习的效率。

（三）课后的合作学习

课堂上的时间十分有限，有时对一些在课堂内处理不完的翻译材料可以在课后解决。课后的合作学习是课内合作学习的延伸和发展。在课后的合作学习中，教师可让学生完成以下几方面的内容：

1. 理论学习

教师把翻译理论的基础知识、翻译界的最新动态、翻译研究的发展与方向等材料发给学生，让学生分组讨论老师提出的问题，写成书面报告，上交老师审阅，学生可从中了解到一些与翻译相关的知识，从而拓宽翻译学习的视野。

2. 佳作赏析

给每个小组推荐翻译名家的作品，如小说、戏剧的片段、散文、诗歌等，让学生阅读和鉴赏译文佳作，体会翻译的“美”，从文学素养上提高语言表达能力，为其进一步学好翻译奠定语言基础。

3. 小组辩论

辩论是一种极具挑战性和竞争性的活动，在一定范围内开展小组之间的辩论可以锻炼学生的思辨能力与语言表达能力。教师利用课余时间在每两个小组之间开展翻译辩论，其他组的同学当听众和评判员，会使全体学生受益匪浅。

4. 竞赛活动

开展翻译小组之间的比赛能激发学生的学习兴趣，使学生通过对比来发现问题，提高合作学习的效果，教师要给胜出的小组一定奖励，让其体验成功的喜悦，对失败的小组也要鼓励，希望他们在失败中总结经验，为下一次竞赛的成功做好准备。

四、实证研究：合作学习法在高校翻译课堂的应用

下面以 90 分钟课堂教学为例，展示合作学习模式在大学英语翻译教学中的应用。

（一）课前准备

学生分为若干学习小组，每组 4~5 人。教师在课前将本堂课的预习任务以书面形式分发给各小组，预习任务包括以下几方面：①学习目标；②本堂课相关专业词汇；③对本堂课相关知识的提问。

这一阶段为预习阶段。预习是提高学生课堂学习主体意识的重要途径之一，对相关词汇的预习可以个别进行，也可以以小组形式集体开展。相关知识的提问难度不宜过大，应紧扣学习目标里的认知内容。学生通过查阅教材、网络资料能够得出较为准确的答案。不同的小组设置不同的问题，也可共用其中一道讨论性问题。

（二）导入：预习汇报（10 分钟）

本阶段为导入阶段。预习汇报以小组为单位，回答预习材料里的相关知识提问，教师对答案给予适当的补充。讨论性的问题可能会出现争论，教师应注意把握课堂气氛，控制时间。以汇报讨论的形式导入有利于激活课堂气氛，将学生的注意力迅速集中到翻译材料所涉及的商务领域中来。

（三）分组练习（30 分钟）

教师将翻译练习材料分发至各个小组，要求各小组在 30 分钟内交出一份统一的译文。教师在选择材料和组织练习时应注意以下几点：①练习材料不宜过短或过长，以中等水平、学生 20 分钟内可完成的篇幅为准。②小组可采取组员独立完

成整篇练习后讨论统一答案的方式，也可分工完成材料各部分的翻译后整合答案。③不同小组分发不同的材料，或每若干组使用同一份材料。这样做既可以提高课堂效率，也可形成组间对照。④注意翻译材料之间的关联性。

由于部分大学英语翻译的文本之间存在立场对应的情况，如买卖双方相关文本的对应，买卖双方与中间方相关文本的对应，因而教师在安排翻译材料时可有意将对应立场的相关文本（如针对同一商品的发盘函与还盘函）分给不同组，这样可以在下一环节安排对话式表演来进行汇报。在整个练习过程中，应强调学生的练习速度，教师游走于不同小组之间，或参与小组讨论，给予学生适当的提示。

（四）汇报（40分钟）

小组派代表宣读译文。翻译相同材料的小组可发表不同意见，其他小组可提出疑问。教师宣读标准译文，并就学生译文和标准译文进行适当评述，介绍相关翻译技巧。若有对应的文本材料，可采取对话表演的形式汇报。教师将传统教学方式中的讲授部分融合于汇报阶段，点评时结合讲解翻译理论与相关知识，指出学生译文的长处和误差所在，点出需要识记的标准套用句式。

（五）小结（10分钟）

由教师对本堂课知识点做归纳总结，点评各小组的表现。

（六）作业

作业应强化核心词汇的应用，并布置难度与长度适当的翻译材料，要求学生独立完成。

以上为合作学习法在90分钟大学英语翻译课堂教学中的应用。教学实践证明，合作学习模式对增强学生学习主体意识、提高学生的课堂积极性和互助合作意识起到了积极的作用。分组讨论的学习方式在大学英语翻译教学中的应用，有助于学生克服畏难厌学的心理。通过讨论实践和对团体成绩的评价，学生能较好地结合语言的特色和翻译技能，有意识地提高译文的专业性。

通过以上分析，我们可以得到以下启示：

合作学习法能充分调动学生的学习自主性，但是大多数中国学生习惯以教师为中心的被动的教学模式，故合作学习法在实施初始阶段可能会出现学生不配合、活动无法开展、课堂进度缓慢等情况。此时教师应耐心引导学生转换观念，不可为赶进度而放弃合作学习法。实践证明，只要引导得当，经过一段适应期后，大多数学生都能够愉快地参与到合作学习中来。合作学习法有利于从整体上提高学生的学习成绩、活跃班级内的学习气氛，但同时也容易使个体的学习情况受到忽视，个别成绩较差或者自主性较差的同学在自主学习的班级氛围下反而变得更加消极，这就要求教师平时多注意个别学生的学习情况，适时给予帮助和鼓励。另外，在小组汇报阶段，应保障每个组员在一学期内至少上台汇报一次。团体成绩的评价方式不利于教师在课堂上掌握单个学生的表现，因而教师应通过课后作业来了解学生对知识的掌握情况，必要的时候可建立语料库，为日后教学提供范例和指导。课堂任务无须严格按照教材中划分的模块规划来进行，教师应根据实际情况分拆重组单元，以保障课堂任务与日常情境挂钩。

在翻译课程中，教师不仅是为学生“传道授业解惑”的知识传播者，还应该是管理者，所以教师应主动明确地为学生确立学习目标，在宏观上调控学习内容、学习进度和学习方式。教师在授课时应最大限度地激发学生的学习热情，并主动弥补、丰富学生的知识。从教师作用的领域和显隐程度来说，教师应从微观上退回到宏观与微观相结合，从过去的凸显退回到时隐时现上，在合作学习中以学生为中心，教师起到宏观调控的作用，所以大多数教师的调节是隐性的。此时教师应该是管理者，帮助学生确立学习目标，确认学习内容、学习进度和学习方式；同时，教师还是引导者，可以激发学生的学习热情；不仅如此，教师还应该是合作者，能够弥补、丰富学生的知识。例如，教师应合理地安排好授课时间，不能对学生进行“大包干”“一揽子工程”，不能自己从头讲到尾，或是象征性地让几名优秀的学生来回答问题，以示课堂上有了教师与学生之间的互动——教师应合理地布置任务、明确目标，根据学生的层次相应地将学习任务分配给各个学习小组，做到面向全体、因材施教、分类指导、全面提高。

第五节　互动教学法在翻译教学中的应用

学习就是一种互动的过程，是一种协作习得的过程。建立翻译课程互动教学模式，符合人类对事物的认知，这种教学模式一旦建立，至少将会产生以下效果：

①学生真正成为学习的主体和中心，有利于激发学生的兴趣和动机；②学生全程参与互动，有利于鼓励学生发挥批判性思维，更易于形成个体的学习风格；③在互相协助的过程中，有利于学生消除学习中的紧张焦虑情绪，提高学习效率；④教师在互动中是协助者、促进者、资源顾问，在互动的过程中帮助学生构建翻译能力。也就是说，教师最终让学生收获的，不仅仅是翻译的理论知识和具体的翻译技巧，还有独立的工作能力和翻译能力。

一、互动教学法简述

互动教学思想源于社会学中的互动理论。众所周知，欧洲是人类历史文明发展的摇篮，20 世纪的欧洲更是当时社会学研究的故乡，在此也理所当然地萌发了许多影响重大而深远的理论，如较早的结构功能主义及其对立的冲突理论，以及社会学的分支研究相关理论（实证主义社会学、心理主义社会学、社会学主义）等。这些理论和思想都深刻地影响着社会学的构建与完善，同时广为流传、影响深远。互动理论正是在这样的历史社会大背景之下应运而生。世界和人是实用主义的两大主题，世界具有不稳定性、选择性、创新性和可能性；人之所以为“人”，主要是通过人与自然、人与社会、人与人之间的相互共同作用而形成的。符号互动论又被称为象征互动论，他们认为社会不是独立存在的，而是由个体间的互动构成的。当然，了解、探寻社会中存在的各种社会现象也只有从这些互动行为中来寻找，其关注点在于社会互动过程与社会关系。

米德（Mead，J.H）被公认为互动理论中最有影响的创始人，他的互动理论的基本思想是：个人、自我、社会均产生持续不断的对话与交往，人类的交往是通过有意义的动作，即有别于非人类的自觉意识的影响而实现的，动作被行为者赋予了意义，手势也就变成符号，符号的互动正是人类行为的本质特点。米德的互动论认为，互动存在以下两种不同类型的对话的倾向：首先是“外部世界的对话”，即人与外界（社会、自然、他人）之间的一种互动；其次是“内部世界的对话”，即人自身在不同层面内的一种互动。但“符号互动论”一词最早由米德的学生布鲁默（Blumer，H）在名为《米德思想的社会学意义》的著作中提出，他认为只有“符号互动论”最能概括米德关于互动论的主要思想。

自布鲁默之后，互动论开始在米德和布鲁默研究的基础上展开，并形成了以下几个研究方向：①遵循相对纯粹的“布鲁默主义”的理论立场，坚持解释的意义，并对直接的开放的互动做进一步的研究；②继续坚持外部环境对行动的意义；③进一步发展米德的自我理论；④在超越社会与自我之间的障碍方面做出努力。通过对社会学中互动理论的分析发现，关于我国教学论的研究至少有以下几点值得我们借鉴：

第一，将研究视角放在具体的人与人之间的互动上，可以使教学论研究进入具体的课堂环境，可以使我们关注师生的具体行为和具体教学情景，为教师的教学提供切合实际的帮助；

第二，就学生的发展而言，传统的教学论总是强调学生的发展是教师行为的结果，忽略了学生本身的知识构建问题，忽略了学生行为的习得和各方面的转化取决于学生自身对外部环境的影响、解释与反思；

第三，互动理论强调互动是人与环境的相互作用；

第四，互动教学要求不仅要关注教师单方面的进步，更重要的是通过与其他人、环境的互动，来促进学生的内在发展和教师自身的可持续发展。

二、互动教学法的特点

（一）教学因素的互动交叉性

在大学英语互动教学法中，各种教学要素不是孤立的，而是与其他教学因素紧密相关。互动教学法将教学主体、教学手段、教学方法、教学材料、教学环境、教学组织形式、教育政策等多因素交织为互动的一体并协调发展的动态过程。从互动主体来看，教学主体（师生）之间、教学环境（教学政策、教学资源—多媒体网络等）与教学主体之间、教学场地（课堂内外）、教学结果与教学过程之间都产生积极的互动。从互动形式来看，本模式中既有显性互动（如师生互动、生生互动、生机互动等），也有隐性互动（如教学政策与教学过程之间的互动、学生活动中的文化互动以及课堂上下教师与学生的情感互动和认知互动等）。可见，大学英语互动教学模式是认知与情感、形式与意义的统一，互动的交融性是该模式的核心特征。

（二）互动的层次性与自主性

互动教学法对学生的学习内容、学习方法、学习过程与进度、网络媒体的使用等不做统一的规定和要求，而是以师生共同制订的“自学—指导”计划为风向标，充分尊重学生的个性，以满足不同层次学生的需要。同时，多元互动教学要求师生在课前课后必须做好充分的准备工作，包括课前学生与学习材料之间的互动，学生与学生之间的合作互动，学生与信息网络之间的互动，知识与实践之间的互动，学生与计算机的在线学习监控、测评措施等的互动等；还有课上师生的行为互动，人机互动，人本互动，生生互动，情感互动，认知互动，师生与教学环境、文化氛围之间的互动等。这些都需要学生充分发挥自己的主观能动性，因而在很大程度上培养了学生自主探索、互动协作和实践创新的精神。总之，在互动过程中，重视学生的思维和主动性成为互动教学关注的焦点。

（三）教学形式的多样开放性

互动教学法从实质上说就是要放手让学生干，把课堂还给学生，赋予学生学习的自主权与主动权，这就需要学生积极地参与到教学活动中来，促进多元教学要素的有效互动。在此过程中，教师应当转变角色，为学生提供开放的互动环境，采取多样的互动形式，提供全方位的互动内容，引导多层次的主体互动等。互动教学法采取“一纲多本”的教材，在全国统一的教学纲领下，根据地区的差异、学校的差异、学生的差异进行多样化的教学。教学也不再是“一言堂”的灌输式教学，而是赋予学生自主权，强调学生自身内部的互动与学生之间的合作探究学习，师生协助引导，注重学生主观能动性的培养，引导学生学会学习、自主学习和终身学习，为实现学生的全面发展和可持续发展做准备。教学活动形式的多样性与开放性，不仅可以使学生积极参与到教学设计中，而且能调动学生的学习兴趣与热情，同时能为学生提供更多的展示机会。

（四）互动结果的互补互惠性

没有互动的教学不能称之为真正的教学。互动主体间之所以需要互动是因为互动双方由于本质、能力、环境、性格、背景、思维方式、需求等都存在一定的个体差异，这就为双方的互动提供了充分的必要条件，同时这样的互动行为必定会带来相应的互动结果。互动的结果应当是互动双方通过互补互惠、实现双赢而形成的一种强大合力，这种合力无疑高效地提高了互动教学的教学效果，同时互动类型的多样化也使得互动结果的互补互惠更加丰富多彩。“以教促学，以学促教”“教学相长”“生生互助共进”就是我们在教学活动中体现互动互补互惠的最鲜明的例子。总之，以牺牲互动一方的利益为代价而得到的教学效果不是真正的互动，互动的目的和结果是为了互动各方因多元互动而实现互动多方共赢的教学成效。

三、翻译课程互动教学法

怎样实施互动教学模式呢？如何才能真正做到“任务型”教学呢？如何才能真正做到以学生为中心呢？如何让学生在实践和思索中、在交流和探讨中发现、运用双语转换的规律，从而最终提高翻译能力呢？这就需要在整个教学活动中全程贯彻互动教学，通过教学过程中的师生互动、生生互动、课内互动以及课外互动达到翻译课程的真正目的。现将这一教学方法介绍如下。

（一）课内互动

1. 开学初的课程互动

开学的第一堂翻译课，教师应不急于向学生灌输翻译史或翻译理论等方面的知识，而是与学生交流，了解学生对翻译的认识和理解，了解学生对翻译课程的期待。一般说来，此时学生对翻译难免存在一些误解，如将翻译简单化理解，对翻译课程的期待过高，或者将翻译课程当作提高语力的后续课程等。这时，教师就需要做一些必要的解释，引导学生树立对翻译的正确认识，为后面的课程教学奠定良好的基础。当然，也可以和学生共同商讨课程的要求、作业以及完成方法。第二学期开学初，则可以让学生告知教师对哪种文体感兴趣、想试译哪种文体甚至具体的哪些篇章，说明选择的理由，教师则综合学生的意见、自己的教学经验以及本学期的教学目标进行筛选，给出翻译练习的篇目，并给予充分的解释，让学生自己选择翻译的原文，有利于学生形成自己的翻译风格。因为教师的职责不是拿一些满是“陷阱”的文章难倒学生，使学生产生对翻译的畏惧感，而是指导学生认识到任何一篇源语文章都可以有各种各样不同的译文，给他们指出各种不同的路径，使他们能够离开教师的扶持而独立工作。

2. 课堂汇报互动

在第一学期介绍翻译流派、翻译技巧等理论知识时，不是由老师唱主角，而是将任务分配给学生，要求学生以小组为单位收集相关内容，学生课前讨论之后，形成相对统一的见解，每个小组在课堂上派出1名代表进行5~10分钟的陈述，组内其他成员可以进行补充和说明。遇到有分歧的问题，小组之间也可以进行一些交流和争论。这种做法不仅可以让学生感受到教师对自己的信任，同时也便于教师了解学生对知识点掌握的情况，并进行具有针对性的讲解，这样有利于学生对知识的消化吸收，从而大大提高学生的学习效率。

3. 现场模拟互动

在课堂上，选择英文名著对学生的翻译能力加以培养。比如，在《简·爱》两个译本评析课堂上，在导入部分选取书中男女主人公一段经典的对白。利用多媒体将英文对话部分显示在屏幕上，先让两个学生分角色朗读，然后让另外两个学生分角色译成英文，接下来让2~3个同学点评，随后老师做点评，并与学生一起探讨翻译的得失，老师先要肯定学生的表现，同时也要指出需要注意的地方。在口译课程训练中，模拟宴会、记者招待会、商务洽谈会等真实场景，让学生在真实的场景中体会翻译的快乐和痛苦，学会琢磨、推敲、应变，这样不仅激发了学生的学习热情，克服了学生“等靠要”的思想，而且促进了学生对知识的消化和吸收，在“悟”中培养了学生的翻译意识。

（二）课外互动

1. 课前互动

由老师将课堂上要讨论的主题事先布置给学生，并提出指导性意见和具体要求，要求学生以小组为单位收集相关的内容，各小组组长将组员的任务细化并上报老师，学生就各自收集的资料进行讨论，课前在网络课堂的聊天室里交流，也可以将不能解答或者感到困惑的问题在网络课堂上以及答疑栏中提出，课前在讨论中形成相对统一的见解，课堂上进行小组汇报。学生在老师的指导下进行探究式学习，不仅能让学生在学习过程中真正领悟翻译的概念，而且有利于初步培养学生的科研能力，为其今后的论文写作奠定一定基础。

2. 译前互动

在布置翻译作业时，教师应先告知学生原文的出处，让学生分析原文的文体、功能，并提醒学生在翻译时注意考虑译文读者的接受情况，恰当地处理译文功能，要求学生查询相关的背景资料，同时，教师也可以和学生一起讨论文段理解的难点和翻译的难点。通过这样的译前互动，可以避免学生翻译中的部分语言错误，改变传统教学中的“纠错”教法，将学生的注意力引导到翻译技巧的实践中去，引导学生发挥自己的优势，产生高质量的译文，有效提高其翻译能力。

3. 译后互动

学生独立完成翻译作业后，教师应不急于让他们上交，而是要求学生以小组为单位，对翻译作业进行互评，在翻译本上写出评阅意见，然后分组讨论，最后每组上交一份自认为比较满意的译文，作为最终成绩。同时，每个学生也上交自己的译文修改本，便于老师把握学生的翻译进展情况，这样做的目的在于：①让学生了解要想产出满意的译文，一定要反复地修改、推敲，有利于学生养成良好的翻译习惯；②有利于培养学生分析、评判译文的能力；③小组讨论可以在学生之间形成互帮互助的氛围，有利于培养团队精神；④改变教师批改翻译作业时费时耗力的局面，因为学生在讨论的过程中基本上可以消灭拼写错误、语法错误等，这样老师可以集中精力对学生的语篇、文本等进行翻译方面的指导，提高教学效果。

4. 译文评析前互动

这个环节主要是指学生完成译后互动行为之后，在规定的网络互动时间内进入翻译网络课堂的聊天室进行师生、生生、组内、组际互动。互动的内容包括翻译过程中的得失、翻译策略选择以及具体的翻译词句探讨等。这样做的优势在于：①进一步的交流，有利于学生之间取长补短；②给性格内向的学生提供一个表达自己见解的机会和空间；③便于教师更好地把握学生的情况，在课堂上进行有针对性的讲解。

（三）互助评估

评估是教学中一个不可或缺的环节，有效的评估体系不仅可以正确评价学生的学习情况，更有利于教师了解学生的学习动态，把握自己的教学现状，从而进行教学方式的调整，不断提高教学质量。

1. 作业互评

作业互评要求学生在译文中留下修改的痕迹，写下评阅意见，并签上评阅者的姓名，教师收上翻译本后，不仅可以看到学生的学习情况，同时也可以了解评阅学生的译文评判能力，教师根据译文情况以及评阅情况同时给两个学生打分。这一环节主要根据学生的学习态度打分，其目的在于培养学生良好的翻译习惯和认真负责的翻译态度。

2. 网络互动

网络互动的所有内容会被自动保存下来，评分主要根据学生的参与情况来进行，其目的在于鼓励学生积极思考翻译问题，不断进步。

3. 课堂汇报

课堂汇报评分主要由两部分组成：一个是学生评分，另一个是老师评分。学生评分包括自我评分和他组评分。在所存评分中去掉一个最高分、去掉一个最低分、以最后的平均分作为最终成绩。评估的标准包括：内容（50%）、逻辑（20%）、语音语调（10%），应变能力（20%）。

4. 翻译作业

翻译作业的批改可以采取以下两种形式：①在一学期中，教师逐个批阅所有学生的作业三次，即学生的第一次作业、期中作业以及期末作业。第一次翻译作业的批改可以使老师从整体上把握学生的现有水平，便于实施相应的教学策略；期中作业的批阅可以使老师了解学生的进展情况，便于针对出现的情况适当调整教学方法；期末作业的批阅便于老师了解学生一学期的收获，总结自己的翻译教学成果。②学生小组讨论后产生一篇自己比较满意的译文，通过网络课堂上交；老师课前评阅，课堂上讲解分析译文后给出评分标准，匿名展示每个小组的译文，让学生根据讲评要点和评分标准进行公开打分，并说明理由；最后由教师综合情况给出分数。这种评分办法公开透明，有利于发挥老师的引导作用，将理论化、条文化的翻译知识和翻译实践结合起来，从而培养学生的翻译意识和批判性思维能力，提高学生的翻译实践能力。

5. 期末考试

在期末考试中，除了传统翻译题型，还可以设计20%的译文评析题，要求学生利用所学的翻译理论知识和翻译技能，认真研读所给的原文和2~3个译文，对译文进行评析，判断优劣，做到观点鲜明，有充分的例证，条理清楚，逻辑性强，能够自圆其说。这种考核方式也是评估阶段师生之间的一个互动，这种方式能更全面地评估学生对教学内容的掌握情况和综合运用所学知识的能力。

第六章　数字时代英语翻译教学评价多元化改革

高等教育的网络化对英语翻译教学提出了新的要求，不仅要求英语翻译教学更新理念、改变方式，还要求其对教学评价进行反思与评价。现在英语翻译教学的突出问题就是教学评价尚不完善、不合理。因此，当前的英语翻译教学应该以互联网为支撑，对教学评价体系进行改革，使教学评价更多元化、更具科学性。本章对大数据驱动下英语翻译教学评价的多元化改革进行研究。

第一节　英语翻译教学评价概述

一、教学评价的界定

很多人一提到评价，就将其与评估、测试等同起来，其实三者存在着一定的区别与联系。简单来说，测试为评估与评价提供依据，评估为评价提供数据，评价是对教与学效果的整体评估，三者既有紧密的联系，又有明显的区别。就关系层面来说，三者体现了一种包含与层级的关系，测试充当其他两者的支撑信息。在包含与层级关系的同时，三者又存在明显的区别，具体表现为如下三个层面。

（1）三者的目标不同。就某一程度来说，测试主要是为了满足家长、学校的需要，因为他们需要知道自己的孩子或学生的情况，且与其他学校是否存在差距。当今社会仍旧以应试为主，因此测试为家长、学校提供了很多信息，也是家长、学校关心的事情。评估主要是为教师、学生提供依据，如学习效果、学习中遇到的问题等，有助于教师提高教学的质量，也有助于学生提高自身的学习效率。评价有助于行政部门制定政策，对教学进行合理配置。可见，三者的作用不同，导致开展的范围与采用的方式也有明显的不同。

（2）三者的数据信息不同。测试所收集的数据一般是学生的试卷信息，反映的也是学生的语言水平。从学生的语言运用能力来说，有些部分是无法用测试来评判的。评估可以划分为终结性评估与形成性评估两大类，前者依据的是测试，后者依据的是教与学的过程，注重学生对概念的理解、任务的完成等层面。当然，其更多依据定性分析，而不是定量分析。评价所依据的信息多为问卷、访谈、测试、教师评估等，是定量分析与定性分析的结合，是一种综合性评估。

（3）三者的展示方式不同。测试的展示方式往往是考试，这在前面已经有所论述，最终结果也通过分数排序来展现。而相比之下，评估与评价往往是以鉴定描述或等级划分的方式展现出来。

总之，评价在人们的社会活动中广泛存在。有人认为："评价是确定课程能否达到既定目标的一种手段。"也有人认为："评价是运用不同的渠道，对学生的相关资料加以收集，并将这些收集的资料与预定的标准相比较，进而做出判断与决策的过程。"还有人认为："评价是对相关信息进行收集、综合、分析，从而用这些信息促进课程的发展，对课程的效果、参与者的态度进行评定。"但是，更多的人将评价等同于价值判断。就英语教学来说，评价是指学生能否达到某项能力，学生能否实现课程目标，教师的教学与学生的学习能否帮助学生实现既定目标的一种判断手段。

二、教学评价的划分

由于评价的方式、内容等存在明显的差异，因此对评价的划分也有所不同，具体而言可以划分为如下几种。

（一）过程性评价与目标达成评价

所谓过程性评价，即在学习过程中，对学生的学习活动进行评价与判断，目的在于将学生的学习行为能否与学习目的相符解释出来，且用于评判学生能否实现学习目标。评价的内容包含学习策略、阶段性成果、学习方式等。

目标达成评价既可以是对课堂教学目标达成情况的评价，也可以是对单元学习目标达成情况的评价，还可以是对学期教学目标达成情况的评价，包含理解类、知识类与应用类三种目标达成评价方式。理解类目标评价方式表现为解释与转化，往往会采用阅读理解、听力理解等方式，会对阅读文本、听力文本进行选择与匹配等。知识类目标评价方式主要表现为对知识掌握情况的评价，并采用再次确认的方式，一般选择题、填空题都属于这类评价方式。应用类目标评价方式即采用输出表达的方法，要求学生根据阅读与听力材料，进行转述或表达。

（二）表现性评价与真实性评价

所谓表现性评价，是指让学生通过完成某一项或者某几项任务，将自身所掌握的知识与技能表现出来，从而对其获得的成就进行评价。简单来说，表现性评价就是对学生完成任务的表现情况及获得的成就进行的评价。表现性评价属于一种发展性评价，一般来说，其具有如下几点特征。

（1）属于教学过程的一部分，要与课程教学相互整合。

（2）其关注的是学生知识与技能的发展，而不是对知识与技能的再次确认与回忆。

（3）一般情境都是真实的，往往需要学生解决现实学习中遇到的问题。

（4）学生需要完成的任务一般较为复杂，往往需要其将多个学科的知识与技能相融合。

（5）非常鼓励学生的发散性思维，也允许不同的学生给出不同的答案。

（6）其是形成性评价与终结性评价的结合。

综合来说，表现性评价有助于对学生的学习过程与学习结果展开更真实、更直接的评价。

（1）改进学生的学习。形成性评价可以将教材中的问题凸显出来，便于改进学生的学习。教师在批改完试卷后，会将试卷返回给学生，学生通过比对答案，发现自己学习中存在的问题，并进行改正。

如果教师在评阅时发现很多学生都会遇到同一个问题，这时候教师可以在课堂上进行讲解，为大多数学生答疑解惑。

当然，由于面对的学生不同，教师在给出建议时要考虑符合学生的形式，单独进行讲解，这样才能让学生把握和理解。

（2）强化学生的学习。形成性评价有助于对学生的学习进行强化，教师的肯定能够激发学生进一步学习的积极性，从而提升其的认知与情感。

（3）记录学生的成长。无论学生学习什么内容，都期待自己可以获得进步。同样，在形成性评价中，教师需要根据学生平时的表现来进行评价，无论是每一堂课的表现还是每一个单元的表现，教师应该将这些表现记录下来，从而构建一个成长记录袋或者电子档案，这不仅可以为之后的评价提供依据，还可以为终结性评价提供参考。

所谓终结性评价，是一种对教师的教学与学生的学习结果的评价，是在教学结束之后，对教学目标实现程度所进行的评价，因此，其又可以称为“总结性评价”。从定义中可以看出，终结性评价往往出现在教与学结束之后，用于对目标达成情况进行评价。因此，这一评价方式有时可以等同于之后要讲述的目标达成评价。

对教学而言，终结性评价是一个普遍的评价手段，其作用是不可磨灭的，具体表现为如下几点。

（1）评定学生的学习成绩。在教学中，终结性评价最常见的用途在于评价学生的学习成绩。通过平时测试、期中与期末测试，教师可以了解学生是否有所进步、是否完成既定目标，从而为学生下一步的学习提供建议。

一般来说，终结性评价的总体成绩是平时测试、期中测试、期末测试的综合体。也就是说，在进行评价时，教师应该把这些成绩综合起来评定，最终获得学生的总体成绩与平均成绩。

（2）确定学生的学习起点。终结性评价的结果可以为学生进一步的学习提供依据，同时能够反映出学生的情感与认知。但是，要想将这一作用发挥到最大，还需要结合学生具体的分数，以及教师对学生的评语，这样才能帮助教师做出合理的评价。

（3）对学生的学习提供反馈。终结性评价大多在某一阶段结束之后或者某一学期结束之后展开。如果其测试的是学生某一阶段的学习情况，那么所选择的试题应该能够反映学生这一阶段的学习情况，这就是说这一阶段的终结性评价可以为学生前一阶段的学习提供反馈，且这种反馈具有鼓励性与积极性，同时还能对前一阶段学习中出现的问题进行纠错。如果其测试的是学生某一学期结束之后的学习情况，那么所选择的试题应该进行合理的编制，并对学生的学习情况进行恰当评分。同时，学生可以从自己的测试结果中获取有效信息，从而改进自己的学习情况，了解自己学习中存在的问题以及成功之处，这些信息有助于为下一学期的学习确定目标。

三、英语教学评价的功能

英语教学评价能够不断促进学生在英语学习过程中的成功与进步，从而使学生能够真正地认识自我，促进他们综合能力的发展。另外，英语教学评价能够为教师提供反馈信息，从而不断改进其教学情况，提升其教学水平。总体而言，英语教学评价有如下几点功能。

（一）导向与促进

英语教学评价有助于英语教学目标的实现。我们知道，英语教学评价不仅需要评价学生对知识的掌握情况，还需要评价学生的学习态度、发展潜能等，只有通过综合性评价，学生才能在英语学习中保证积极的态度，从而形成有效的学习策略，并且具备跨文化的意识。英语教学评价应该为英语教学目标服务，这样就要求学生从目标出发，制订自己的学习计划，并不断检验自己的学习方法，这样才能将自身的潜力挖掘出来，提升自身的学习效率。因此，英语教学评价对学生来说有着积极的导向作用。

英语教学评价会对学生日常学习表现、学生学习中获得的成绩、学生学习的情感与态度等展开评价，通过对学生学习的激励，可以帮助学生对自己的学习过程进行调度，让他们逐渐获得自信心与成就感，培养学生之间的合作精神。为了让评价与教学过程有机融合，学校与教师应该采用宽松、开放的评价氛围来评价学习活动与效果，可以建立相应的档案袋等，这样可以对教师与学生进行鼓励，从而实现评价的多元化。

（二）诊断与鉴定

英语教学评价对教与学的情况进行了整体评判。在教学过程中，学生往往会通过评价量表等对教师的教授情况、学生的学习情况展开检测，这样便于学校、教师、学生了解具体的教与学情况，判断学生学习过程中有无偏差，从而找出出现问题的原因，并加以改进与提高。

（三）反馈与调节

师生通过问卷访谈等，发现教学中的优点与不足，对教学过程中的得失进行评价。教师将评价结果以科学的方式反馈给学生，促进学生建立更为全面与客观的认识，为下一阶段的教与学规划内容与策略，有效地开展教与学活动。

（四）展示与激励

英语教学评价对学生的学习过程非常关注，让学生认识到自身学习中的成功之处，不断鼓励自己，以获得更大的成功。当然，教师还需要适当地提点学生学习中的错误，让他们产生一种焦虑感，从而更加勤奋地参与到英语学习中。正反两种鼓励方式，都会不断提高学生学习的主动性与积极性。

第二节　英语翻译教学评价的基本原则

一、主体性原则

所谓主体性原则，是指英语教学评价主体要考虑教学价值主体本身学生的需求，对教学价值客体进行评价。

在学习中，学生处于主体地位，但是传统的英语教学评价将教师置于核心地位，认为教师应处于主体地位，是知识的灌输者，而学生仅是知识的被动接受者，这就导致许多教学评价主要是针对教师来说的，评价的内容也主要是针对教师的教学情况。表 6–1 是一个典型的对教师的评价。

表6–1　教师课堂教学评价表

项目	内容	权重	得分
教学目标	（1）是否体现明确的教学目标、教学大纲、教材的特点，是否与教学实际相符 （2）是否落实了教学知识点，是否培养了学生的能力 （3）是否将德育寓于知识教育之中	15	
教学内容	（1）教材的处理是否恰当，是否突出了重难点，是否突破了重难点 （2）教学组织是否有清楚的条理，是否简明扼要，是否准确严密，是否难度适中 （3）教学训练是否定向，是否有广度，是否保证强度适中	25	

续表

项目	内容	权重	得分
教学方法	（1）教学的设计是否得当，是否体现了教学改革的精神，是否处理好主导与主体之间的关系问题 （2）教学是否有合理的结构，教学方法是否灵活，是否将各个环节分配恰当 （3）教学是否有开阔的思路，是否采用现代化的教学手段，能否将学生的学习兴趣激发出来 （4）教学是否注重学习方法与学习习惯的指导	25	
教学基本功	（1）教学中是否运用了清晰、生动、规范的语言 （2）教学中是否保证书写的清晰与特色鲜明 （3）教学中是否有自如的神态，且保证大方得体	15	
教学效果	（1）教学中是否保证热烈的气氛，是否给学生留下了深刻的印象 （2）教学中能否面向全体学生，是否完成教学任务，是否实现了良好的教学效果	20	
综合评价		总分：	等级：

显然，从表 6-1 中可知这类评价主要是评价学生能否接受教师传授的知识以及接受的程度；评价学生的学习情况来对教师的教学内容与教学方法的合适程度进行审查；评价教师的学习策略是否得当等等。简单来说，这种教学评价是为教师服务的，并没有展现出学生的主体地位。

当前的教学强调有效教学，即发挥学生的认知主体地位，因此教学评价的对象需要从以教师为主转向以学生为主，对学生学习情况的评价内容与手段应该从单一转向多元，如对学生的学习动机、学习兴趣等都可以进行评价。基于此，教学评价的对象才能转向学生，当然这里并不是说不对教师进行评价，只是说以学生的评价为着眼点，为学生创造更多适合其学习的环境，且对教师的评定标准也是从学生的角度来制订的。

因此，主体性原则要求将学生作为评价主体，即评价活动以学生的发展为目标，评价设计要有助于学生的多元化、个性化发展，发挥学生的主观能动作用，帮助学生形成积极的态度，同时不能损害学生的自尊心，要给予学生爱护与尊重。

二、过程性原则

英语教学评价应该坚持过程性原则，主要体现为两点。

（1）全程性，即评价要贯穿学生学习的全过程。

（2）动态性，即对发展过程加以鉴定、诊断、调控等，对整个过程的发展方向加以把握。

英语教学评价对过程评价非常关注，正是这一点，有助于提升学生的学习兴趣，增强学生英语学习的动机与主动性，从而有助于学生自主学习。

三、多样化原则

英语教学评价应该坚持多样化原则，这主要体现为三个层面。

（1）评价主体要多样化，即不仅涉及教师，还涉及家长、学生等，通过宽松、开放的评价氛围，对教师、家长、学生的参与予以鼓励。

（2）评价形式要多样化，即对学习过程予以关注，要从不同的内容与对象出发，考虑采用自评、互评等多元化的评价方式。

（3）评价手段要多样化，既可以是教师观察，也可以是学生量表，教师从不同学生的学习差异出发，采用恰当的评价手段，选择适合他们自己的评价方式，从而彰显出学生自身的优势，让每一位学生都可以体会到成功的喜悦。

四、实效性原则

英语教学评价强调实效性，主要从教育的现实意义层面进行考量，其要求在具体的评价实践中，将评价的实用价值体现出来。

英语教学评价的实效性原则体现在评价方式上是非常方便的，即不需要使用繁琐的程序，但是要保证评价的时机与质量，因此在设计评价内容与方式时，不能与英语教学的目标相脱离，要非常关注评价之后产生的实际效果。

五、发展性原则

英语教学评价应该为学生的发展服务，注重树立学生的信心，发现学生发展过程中出现的问题，通过反馈对这些问题进行解决，促进学生更好地向前发展。发展性原则一般包含如下几点。

（1）发展性原则要求英语教学评价应该从学生主体出发，将学生的需求作为出发点与落脚点。

（2）发展性原则要求英语教学评价的目的是促进学生的发展，即只要对学生发展有利，任何手段与技术都可以运用其中。

（3）发展性原则要求英语教学评价对每一位学生的个性特点与原有基础有所把握与关注，从而为每一位学生获得最佳的发展而做出努力。

通过评价，教师才能更好地引导学生对自身的原有基础、认知水平等进行鉴定，认识自己在发展过程中的不足，从而有针对性地进行改进与调整，对自己的学习过程进行优化，使学生获得最佳的发展。除此之外，发展性原则还要求教师对学生的态度、情感等进行关注，以帮助学生形成正确的价值观。

第三节　英语翻译教学评价体系的构建

一、网络评价系统设置

在网络影响下，英语教学评价体系得到了进一步完善与发展。当前，基于互联网技术构建的英语评价系统有如下几个方面。

（一）网络实时评价系统

网络实时评价系统以网络通信手段为依托，通过文字、图像、音频、视频等方式进行相互交流，在沟通过程中实现具体的评价。利用这一评价系统，学生可以不受时间、空间方面的限制，及时获取教师的有效反馈。这一系统可以帮助教师有效监控、管理学生的学习，大大提升学习效率。

（二）网络考试系统

网络考试系统通常涉及针对学生的考试系统、题库系统、自动批阅系统等。学生可以随时随地登录这一系统，通过从题库中抽取试题进行回答，在完成之后系统就会给出结果，对学生回答题目的情况进行评判。教师可以利用这种系统进行阶段性测试或者综合性测试，学生也可以自由控制题型、时间、难度等。网络考试系统通常可以自动生成答案，并且给出评估报告，对学生的学习风格、学习效果、学习倾向等进行汇报。

（三）网络答疑系统

网络答疑系统一般包括在线讨论和互动交流两种形式。当前，很多外语教学网站设置了在线互动讨论区，学生在这个讨论区中可以自由发帖发表自己的学习看法与成果，并通过回帖与其他学生进行沟通与互动。网络答疑系统可以对学生提出的知识难点进行记录，教师可以通过系统记录的难点分析学生的学习情况，进而发现自己在教学中存在的问题，及时调整与改变教学策略。通过网络答疑系统的搜索引擎功能，学生可以通过关键字搜索等技术快速得到问题的答案。

（四）网络多媒体考试系统

网络多媒体考试系统是对网络在线考试系统进一步改进之后所形成的。在传统文本考试的试卷上，网络多媒体考试系统增加了一些多媒体数据，如音频、视频、图像等，利用虚拟现实技术组建虚拟的考试环境，非常适合运用到英语网络教学评价中。网络多媒体考试系统使得全面、多元的评价成为可能。

二、互联网技术评价法

互联网技术评价法的评价过程可以划分为制定评价标准、应用评价标准进行测量、划分测量结果等级、给出评价结论四个步骤。

（一）制定标准

制定评价标准的过程就是将评价目标的主要属性细化为一系列具体、可测量的指标的过程。划分好的指标构成一个相对完整的评价指标体系，它能反映评价目标的主要特性。在构建评价指标体系时，应该注意列举能够反映目标的那些主要特性，对重叠、交叉的指标需要进行一定的合并。下面来看一则多媒体作品质量评价案例。

因为多媒体作品的质量难以被直接观察，因此首先需要列举能够反映多媒体作品质量的主要指标，如内容、界面、技术等。可以看出，这些指标仍然不够具体、难以测量，因此需要将这些指标进一步划分，例如，反映多媒体作品质量的内容特性指标，可以划分为主题是否明确、内容是否科学、文字是否通顺、有无错别字等。重复这样的过程直到划分出的每一个指标都能够代表评价指标的主要特性，并且每一个评价指标都是明确、可测量的。

每一个指标对反映评价目标来说，它们的重要性程度是不一样的，重要性程度用权重来表示。可以给每一个指标赋予一定的分值，这个分值反映了这个指标在整个指标体系中的权重。确定指标权重有专门的方法，如专家评定法、层次分析法等。在教学过程中，教师也可以依据自己的经验来划分，但是这样划分的结果可信度往往会受到怀疑。

（二）进行测量

测量是依据评价指标体系，用数值来描述评价对象的属性的过程。测量是一个事实判断的过程，即测量反映评价对象的客观状态，不对这种状况进行主观评判。凡是测量都需要确认测量的标准或法则，这是测量的工具。教学中的测量工具不像测量身高用的皮尺、测量体重用的秤一样直观，需要评价者按照评价标准中的每一个指标对评价对象做出实事求是的判断。

（三）划分等级

教师需要对测量结果进行界定，界定这个结果达到了什么程度。对测量结果的界定通常采用划分等级的方法，比如，在以百分制计分的测量里，一般把 90 分以上称为优秀，81~90 分称为良好，71~80 分称为中等，60~70 分称为合格，60 分以下称为不合格，在划分测量等级时，应采用定量评价与定性评价相结合的方式，这样能充分发挥定量评价和定性评价的优势。

（四）给出结论

评价的最后一步是根据测量结果对评价对象进行价值判断，给出评价结论。评价结论包含了被评价内容是否通过评价的判定，有时候也会对评价对象达到什么水平进行界定，并且对评价对象的优势与不足做出判断。

根据以上的过程来看信息技术教学评价，可以发现教学中通常采用的纸笔考试并不是评价的全部。考试是评价中的测量环节，考试成绩（即测量的结果）并不是评价要得到的唯一和最终结果，如何使用学生的考试成绩分数是每一位教师都应该关注的问题。

三、网络测试法

在互联网教育背景下，测试是最基本的方式。一般来说，测试分为网络随堂测试、网络期中测试、网络期末测试三种。

网络随堂测试是在一节课中对当次课堂教学的知识和技能进行评价的方式。这种评价应该围绕教学目标，对当次课的教学重点和难点进行测验，以检测学生的学习效果。在开始上课时教师还可以组织诊断性评价，对以往学习的知识和技能进行测验，了解学生对原有知识和技能的掌握情况，给本次课的教学提供支持。课堂测验属于形成性评价，为改进教学提供了依据。

网络期中测试通常是在一个单元或模块学习结束以后，对整个模块涉及的主要教学目标进行测验。单元测验主要检查学生对整个单元、模块知识和技能的掌握情况。网络期中测验涉及的教学目标比课堂测验多，在进行测验时应该设置对单元、模块知识和技能综合运用的项目，涉及的教学目标类型往往为掌握、分析、综合、评价层次，以检测学生的总体把握情况和对单元知识灵活应用的能力。网络期中测验属于形成性评价，是为改进整个单元、模块的教学服务的。

网络期末测试是对课程的总结性评价，是检查学生学习成就和教师教学效果的重要方式。网络期末考试应该从课程整体目标中的重点、关键点、难点出发，检查学生对基本概念、基本技能、核心知识、主要方法等的掌握情况。网络期末考试可以采用上机测验、作品制作等方式进行。在评价时可以兼顾学习过程中学生的表现，最后对学生做出总体评价。

四、学习档案评价法

学习档案评价法是当前应用较为广泛的评价方法。所谓学习档案评价法，是指对学生个体的各种信息进行收集。一般来说，其收集的内容具有多样性与动态性。

学习档案积累的材料代表的不仅仅是结果，而是学习过程与学习活动，其包含选择学习内容、比较学习过程、进行目标设置等。学习档案评价可以有效提高学生的自主学习能力。

在档案建立之前，教师可以组织家长与学生阅读学习大纲，理解构建档案的必要性，并对如何构建、使用进行指导，为以后有效地使用档案袋做准备。

五、自我评价表

自我评价表的设计可以采用量规方式，也可以采用问卷调查表的形式。

1. 量规

量规是一种结构化的定量评价标准，往往从与评价目标相关的多个方面详细规定评级指标，具有操作性好、准确性高的特点。

在评价学生的学习时，运用量规可以有效降低评价的主观随意性，可以教师评，也可以让学生自评或同伴互评。如果事先公布量规，还可以对学生的学习起到导向作用。

2. 问卷调查

问卷调查是通过提问题，让学生结合自己的实际情况进行判断并做出回答。问卷调查表可以帮助学生通过回答预先设计好的问题来产生某种感悟，从而促使他们对自己的学习过程和学习结果进行重新审视和修改，提高他们的自主学习能力。

参考文献

[1]张新勇. 以应用为导向的大学英语课程过程性考核的设计与实践[J]. 中文科技期刊数据库（全文版）教育科学，2023（4）：0022-0024.

[2]卢慧雅. 融合CIPP评价模式的实践教学体系建设[J]. 福建电脑，2023，39（1）：45-49.

[3]程小恩，温川飙. 基于线上线下混合教学的教师教学能力三维评价模式的研究[J]. 电脑知识与技术：学术版，2023，19（1）：143-145.

[4]宋威. 跨文化视角下英语翻译的障碍及对策研究[J]. 英语广场：学术研究，2023（3）：19-22.

[5]甘丽莎，陆永刚. 促学评价理论下民族地区高校英语语法课程教学改革研究[J]. 现代英语，2023（1）：26-29.

[6]夏伟. 高中英语单元整体读写教学中的评价设计和实践分析[J]. 试题与研究，2023（3）：75-77.

[7]顾菲. 探讨翻转课堂在高校英语翻译教学中的应用[J]. 教育研究前沿：中英文版，2023，13（1）：63-66.

[8]任俊红. "互联网+"时代大学英语翻译教学创新研究[J]. 食品研究与开发，2023，44（6）：0017.

[9]李小琴. OBE理念下课程教学目标达成度评价模式探索与实践[J]. 高教学刊，2023，9（10）：80-83+88.

[10]彭文婷. 跨文化背景下高校英语翻译教学的策略研究[J]. 湖北开放职业学院学

报，2023，36（6）：183-185.

[11]胡晓. 互动教学模式在高中英语教学中的应用[J]. 中国科技经济新闻数据库 教育，2023（3）.

[12]刘昱. 高职英语翻译教学策略[J]. 中国科技期刊数据库 科研，2023（3）.

[13]林琳. 大学英语混合式教学模式下中国文化认同观的培养路径探索[J]. 中文科技期刊数据库（全文版）教育科学，2023（2）.

[14]侯修锋. 融入评价的POEC教学模式的构建与实践[J]. 化学教学，2023（2）：32-36.

[15]刘丽珍. OBE视域下大学英语翻译教学思政模式建构研究[J]. 成功，2023（3）：0019-0021.

[16]潘登，吴雨彤，贾荷,等. 数字时代中英英语阅读素养评测对比及其教学反拨探究[J]. 湖北科技学院学报，2023，43（1）：143-149.

[17]索佳丽. “互联网+”时代大学英语翻译教学模式创新路径[J]. 西部素质教育，2023，9（5）：150-153.

[18]沈琼芳. 基于建构主义学习理论的大学英语翻译教学模式探索与实践[J]. 英语广场，2023（2）：108-112.

[19]王俊. 网络环境下高校英语翻译教学模式构建思路探索[J]. 海外英语，2023（4）：105-107.

[20]樊娅楠. 多维度视角下的英语翻译教学：评《认知语言学理论视角下英语教学新向度研究》[J]. 中国教育学刊，2023（2）：142.

[21]韩奉录. 智慧平台+线下模式的大学英语翻译课程教学有效性研究：以U校园平台为依托[J]. 吉林农业科技学院学报，2023，32（1）：91-94.

[22]齐涛云，孙曙光. 基于师生合作评价的同传教学模式构建：以翻译硕士（MTI）同传课程为例[J]. 中国翻译，2023，44（1）：92-98+189-190.

[23]孔艳君. 生态翻译理论下大学英语翻译教学模式探索[J]. 辽宁师专学报（社会科学版），2023（1）：49-51+61.

[24]杨茜. 基于LOA的智慧商务英语读写课程“教—学—评”一体化教学模式实证研究[J]. 齐齐哈尔师范高等专科学校学报，2023（1）：149-152.

[25]曲祖光. 大学英语翻译教学模式问题浅析[J]. 中国科技期刊数据库 科研，2023（3）.